デジタルトランスフォーメーション
を成功に導く思考法

システム思考がモノ・コトづくりを変える

著 稗方和夫
髙橋 裕

日経BP

はじめに

デジタル技術を活用して新たなビジネスモデルを確立し、企業あるいは事業の変革を果たす――。あらゆる産業において、この「デジタルトランスフォーメーション（DX）」を迅速に進めていくことが求められている。しかしながら、戦略を司る経営層においても、モノづくり・コトづくりを支える現場のリーダー層においても、DXの実現に向けては、どこから手をつけていいかわからず、手をこまねきがちなのが実情ではないだろうか。

そこで、DXを推進し実現するために有効な思考法である「システム思考」を、ビジネスパーソンに向けてわかりやすく説明したのが本書である。

複雑化する社会、言い換えれば、「複数の要素が密接につながり合い、協働し合う＝システム化する」社会において、モノ（製品）づくり・コト（サービスや体験）づくりに不可欠な要素である顧客の要望や自社のコア技術などを俯瞰的に捉えて見える化し、適切に検討して創発することで、DXを成功に導く――。

この目的を果たすための手法となるシステム思考を、なるべくわかりやすく、かつ、具体的に説明していく。

ビジョンを伴ったデジタル活用の成否が、ビジネス変革の成否に直結する

企業あるいは事業のビジネス変革の駆動力は、もはやいうまでもなく、デジタル技術である。ＡＩ、ＩｏＴ、ロボット、５Ｇ、ＭａａＳといった最新のデジタル技術の導入と活用の成功が、ＤＸを活かしたビジネス変革のゴールといえる。最新デジタル技術を駆使できれば、企業活動に直結したビジネスプロセスだけでなく、社会や産業構造など広い範囲にインパクトを与え、創造的な変革を推し進めることができる。

一方、「ビジネスや社会をどの方向に変えていくべきか」についての明確な見通し（ビジョン）がなければ、最新デジタル技術は真価を発揮できない。新しい技術やそのツールを導入したとしても「思った結果が得られなかった」と感じたり、そう嘆く声を時々耳にしたりするビジネスパーソンは多いだろう。しかし、そうした取り組みにおいて、「思った（願った）こと」、つまりビジョンははっきりしていただろうか。それがはっきりしていな

ければ、向かっていくゴールがわからない状態であるため、成功がおぼつかないことは明らかだ。

システム思考を用いたビジネス変革で、多様化・複雑化する課題に対処する

新しい技術やそのツールが身近な実務でさえも変えつつある現在においては、経営層だけでなく各業務の担当者もこのようなビジョンを意識しなければならなくなっている。それを感じていただくために、簡単な例を挙げよう。

著者が実施したビジネス思考のある講義において、問屋ビジネスの変革について検討した。問屋を通すことでメーカーの価格に対して手数料が加わり、エンドユーザーは無駄なお金を払っていると感じるかもしれない。一方で、ネットの直販で商品を買い、問屋抜きの直販価格の取引に移行したら、自社の在庫や資材のことを気にかけてくれる人がいなくなり、仕入れは安くてもビジネス上はマイナスになるかもしれない。

ここに本書で説明するシステム思考を採り入れたらどうなるか。企業や事業が提供する「価値の分析」、「機能の分析」を通じて、在庫管理の手伝い（価値）が問屋のサービス（機能）により実現されていたかもしれないことが明らかになる。つまり、「気が利く問屋なの

で少し高い価格でも取引を続ける」というステークホルダー（利害関係者）内での暗黙的な合意に基づく考え方から、「問屋が提供している機能とそこから自社が得ている価値および要した費用を明示したうえで取引を検討する」という、価値と費用の客観的な記述に基づいて意思決定を行う考え方へのシフトである。そのうえで問屋の顧客であるメーカーが取り組む変革には、「より能動的な問屋の活用」と「問屋抜きでの自社の在庫管理の新技術による強化」という選択肢があり得るわけだ。

ただし、ビジョンの他にも留意しなければならないことがある。明確なビジョンを持ってさえも、複雑さを増しているビジネスや社会において、ビジョンを実現するための技術や制度の組み合わせの方針決定と、ビジョンを実現するうえでの不確実性をどのように見積り、また低減すればよいのかの見極めは、極めて難しくなりつつある。これは、現在のビジネス環境にかつてとは比べものにならないほどの多様なステークホルダーが存在し、双方向あるいは複数のステークホルダーを経由しての循環した影響力をはじめとする、かつてない複雑さが我々のビジネスを取り巻いているためである。これは、新規事業や新規プロジェクトについてのみならず、既存のビジネスを変革・改善するときにも、ビジネスパーソンが対処しなければならない課題が多様化・複雑化していることの原因の一つである。これを解き明かし、適切な解決策を見出すための考え方・手法がシステム思考なのだ。

本書の構成

本書で解説するシステム思考は、ビジネスや社会に新たなデジタル技術を導入する際のビジョンをどのようにデザインするかをガイドするものである。システム思考の有用性・必要性、および見込まれる成果については、第1章で説明する。第2章からは、その中身を具体的に見ていく。第2章ではステークホルダー分析と要求分析を説明する。続く第3章と第4章では、主にモノの設計に必要な、制度や技術の組み合わせの分析、意思決定項目・選択肢の分析、創出について説明する。第5章では、コトの設計にも役立つ「システム・ダイナミクス」を説明する。このシステム・ダイナミクスは、ビジョンを実現するうえでの障害はどのように影響し合うのかを検討するための優れたツールである。加えて、補章にて、本書で紹介した手法を実在の企業で利用したケーススタディ「新製品プロジェクトの分析」を示す。

本書が読者のビジネス、あるいは社会の変革を進める参考になれば幸いである。

目次

第3章 システムをより深く理解する ――機能分解と設計項目のモデル化――

第4章

システムへの理解を「創発」につなげる

―コア技術と効果的・創造的な解決策―

設計空間を構築して創造的な解決策につなげる
性能要求に関するシミュレーション
他業種へのコア技術転用に成功した富士フイルム
コア技術転用に向けた機能要件定義

機能要件を業務に基づいてモデル化する

海事産業のモデル化とシミュレーション
OPMモデルに基づいてシミュレーション対象を選定する

別掲記事

創造力強化のための技術者に向けた教育プログラム

第5章

想定外を想定し、最適解を得る——

——システムの動的・定量的な分析——

第 1 章

新たなモノづくり／コトづくりに必要なもの

AI + IoT のその先へ

本章のポイント

- なぜ今、「システム思考」が求められるのか
- 「高度システム化社会」の難しさ
- 「変化と未知」に対処して勝ち残るには
- 「望む創発」を実現する新たな発想

複雑化する社会に求められる「システム思考」

高度システム化社会で進行する「第4次産業革命」

産業革命は、従来人力で行われていた作業の一部を機械で代替させたり、科学技術を利用して大幅に効率化したりすることで、それまで不可能だったことを実現可能にしてきた。人類は、過去に3回の産業革命を経験してきたが、その度に働き方や生活が大きく変化してきた。

18世紀末頃に起きた第1次産業革命では蒸気機関の発明により、人類は人力や家畜から得られる動力とは比較にならない大きなエネルギーを得られるようになった。また、19世紀後半から始まった第2次産業革命では機械を利用することで、生産手段が著しく効率化した。化学、電気、石油、鉄鋼などの技術革新が進み、手工業では不可能な工場による大量生産が行えるようになったのだ。さらに60年代に入り電子計算機が登場したことで、第3次産業革命が始まった。事務作業への電子計算機導入が進むことで、手作業では不可能な大量の情報が高速で処理できるようになった。

こうした産業革命が起きなければ、人口増によるエネルギー消費や、高度経済成長に伴い爆発的に増え続ける事務作業を、社会あるいは企業が支えることは不可能だった。逆の視点から見ると、産業革命やそれを支える技術革新は、各時代の要請に応える形で進んできたということもできる。

まさに第4次の産業革命が進行している今[※1]、直面している問題は「高度にシステム化した社会への対応」だ。第3次産業革命が起きた50年前とは違い、今は社会を構成する多くの要素が高度にシステム化するとともに、それぞれの要素がインターネットなどを介して密接なネットワークを形成している。ちなみに、ここでいう「システム」とは、いわゆる情報システムのみを指す言葉ではない。複数の要素を持ち、それらが協働する総体を指している。

自動車を例に考えてみよう。50年ほど前の自動車は、それぞれ独自に走行していただけでなく、エンジンやタイヤといった自動車を構成するパーツも基本的には運転者を介してそれぞれ個別にコントロールされていた（図1）。免許証管理や信号機などのシステムにもコンピュータが導入されつつあったが、当時はそれぞれ独立したシステムとして性能向上を目指せばよかった。

しかし、最近の自動車は、多くの電子機器を搭載することで高度にシステム化しているだけではなく、ネットワークを介して他のシステムや自動車と多様につながり、社会の一部を構成するようになりつつある（図2）。次世代交通「ＭａａＳ（モビリティ・アズ・ア・サービス）」の実現に向けて、この動きは加速していくだろう。

このように高度化したシステムでは、一部の機能を改善することが、他の機能に思わぬ影響を及ぼし、最悪の場合は全体を破綻させてしまうことさえある。そして、あらゆるシステムがネットワークに接続することで複雑化した社会では、大量の機器制御や判断、意思決定のすべてを人間がコントロールすることはほとんど不可能だ。また、後述するように、「カンと経験」に頼る従来型の意思決定は多くの場合において、もはや通用しなくなりつつある。

その解決手段となるのがＡＩ（人工知能）などを用いた制御と意思決定である。人類は「エネルギー（工業化）」「大量生産手段」「情報処理と事務作業」に続き、機械による「意思決定」をも手に入れつつある。しかし、機械による意思決定といっても、機械が勝手に判断を下すのを黙って見ているということではない。まずは目的とする業務および技術システムを適切にモデル化し、機械による判断が下せるような形に落とし込む必要がある。そして、ＡＩを使わない（使えない）場合でも、不確実性の高い現代の複雑な問題を扱える考え方が求められる。それが本書で説明していく「システム思考」なのだ。

図1　50年ほど前の自動車とそれを取り巻く環境

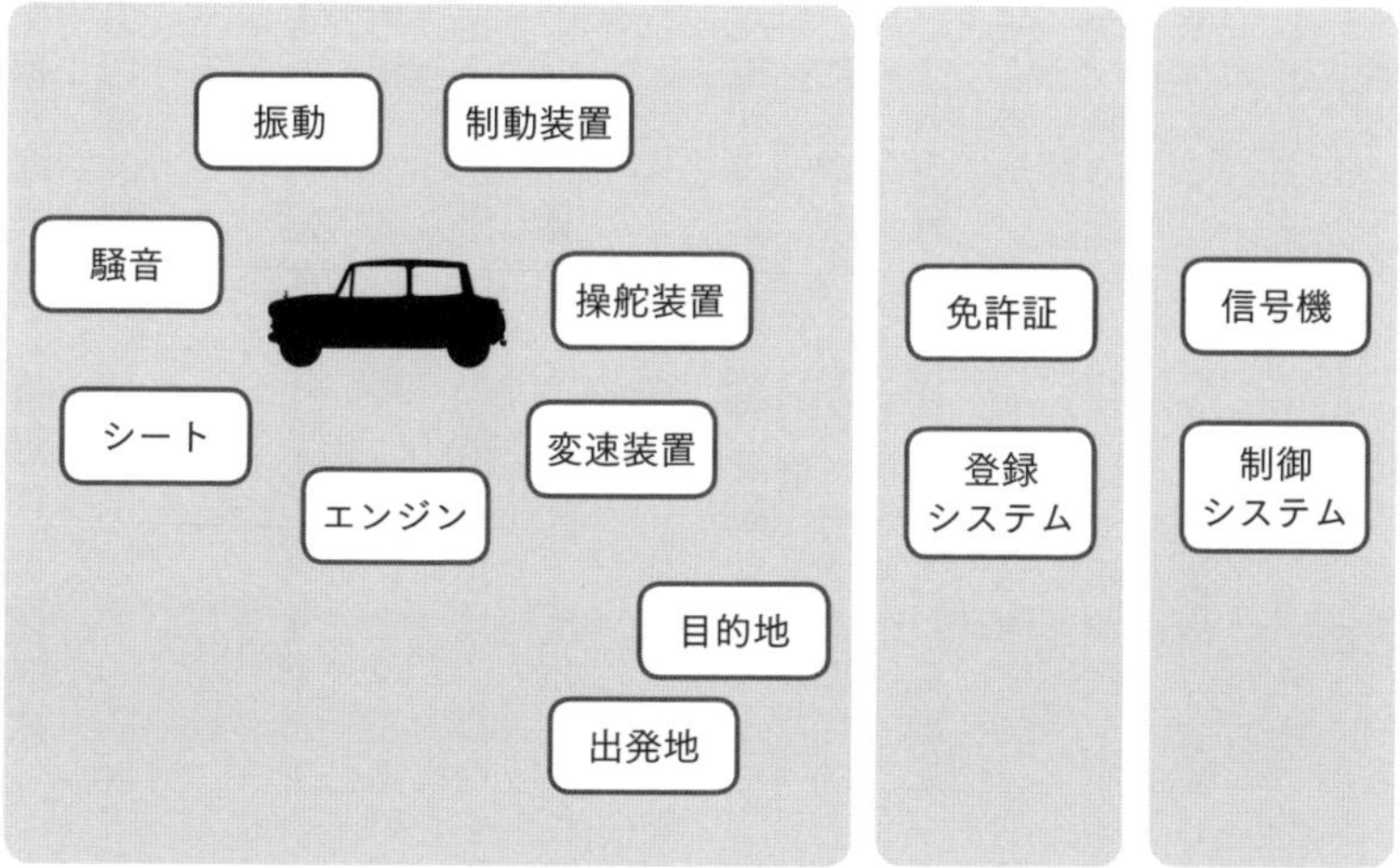

図2　現在の自動車とそれを取り巻く環境

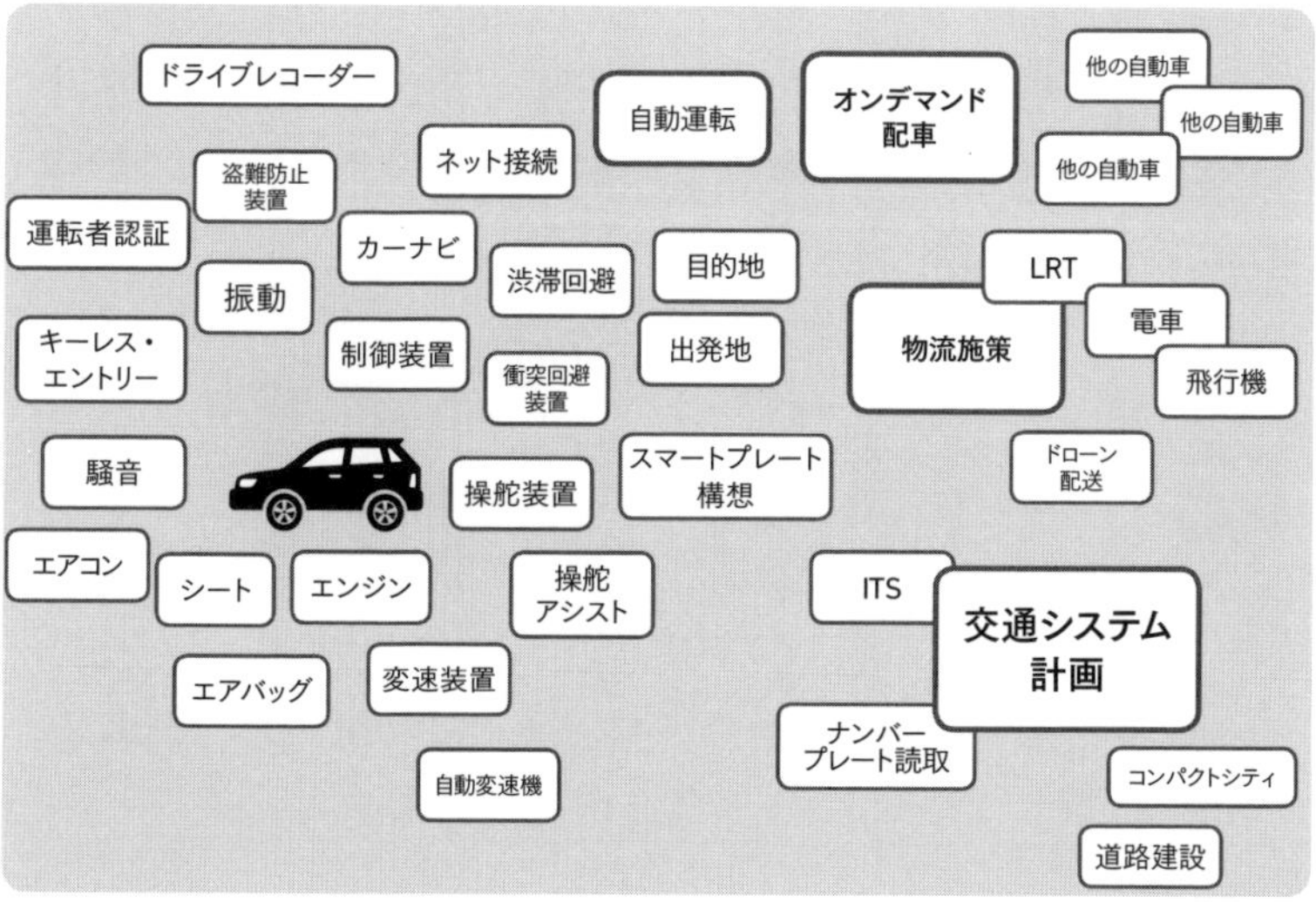

ない。

検討項目が増えると「最適化」が困難に

ある程度前提条件が固まっている状況で最適解を求めることは、さほど困難なことではない。

例として店舗を運営する場合を考えてみよう。運営時の固定費と商品仕入れ価格があらかじめ決まっていて変わらないようであれば、損益分岐点なども比較的簡単に求めることができる。しかし、実際の経営はそんな単純なものではない。通常、仕入れ価格の決定にはいくつもの検討すべき項目、言い換えればファクター（要因、因子）が絡んでいて、それらにちょっとした変更を行うことで変動費が大きく変わり得る。また、運営体制を根本から見直すことで固定費を動かすことも可能だ。

新たに事業を起こそうと考えた場合は、検討項目がさらに多くなる。例えば、カフェを開店しようと考えた場合。どこに立地すべきか、店の広さや内装はどうするか、営業時間は何時までか、コーヒー豆の品種や品質はどうするか、コーヒー以外のメニューを揃えるべきか、価格設定は高めにするか安くするか、カップは紙コップか高級な陶磁器（例えばマイセン）か、アルバイト従業員は時給いくらで何人雇うか——など、決定すべき事項は多岐にわたる（図3）。そして、メニューや価格、内装によって来店する客層や売り上げは大きく変わってくる。

人間は決定すべき事項が多くなると、カンと経験に頼るようになるといわれている。ヒューリスティックとも呼ばれるが、一般の人は通常、2~3個の事項が絡んでくると「えいやっ」と物事を決めてしまうことがほとんどで、判断力のある人の場合でも7つを超えると論理的な決断が下せなくなるという。※2

借りる店舗もアルバイトも、仕入れるべきコーヒー豆も決まっているような場合は、理詰めで売り上げ目標を立てることができるが、店全体をイチから作っていくような場合は、「この立地だと、こんな雰囲気のお店が向いているんじゃないかな。そして、売り上げはこのくらい見込めそうだ」という、カンと経験によって詳細が詰められて

図3　カフェを開店する場合も検討事項は多い

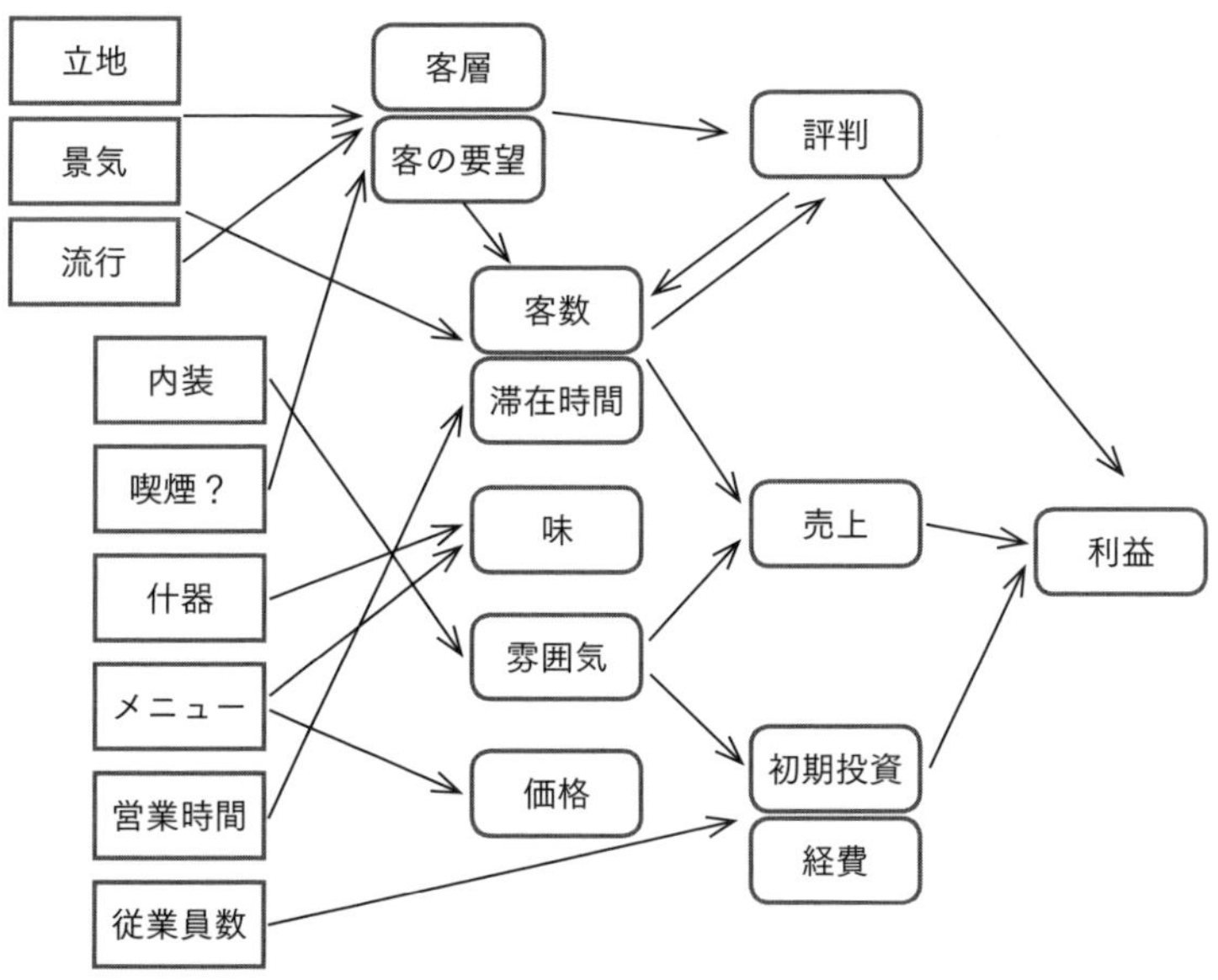

いくことが多い（図4）。また、学生がターゲットの場合は「カフェラテ」や「マグカップ」との親和性が高そうだとか、富裕層を見込んだ場合は「マイセン」や「ジノリ」のカップに「モカコーヒー」や「ダージリンティー」が合いそうだといった、各要素のマッチングについても同様にカンと経験に頼りがちである。

「カンと経験」は変化と未知に弱い

業務に精通した経験者の予想が、驚くほど正確に将来を見通すことがあるなど、カンと経験は大きな力を発揮することも多い。また、専門家がいない場合には、ＡＩによる売上予測や多変量解析を用いたクラスタリングなどにより、カンと経験をコンピュ

図4　決定事項が多いと人は「カンと経験」に頼りがち

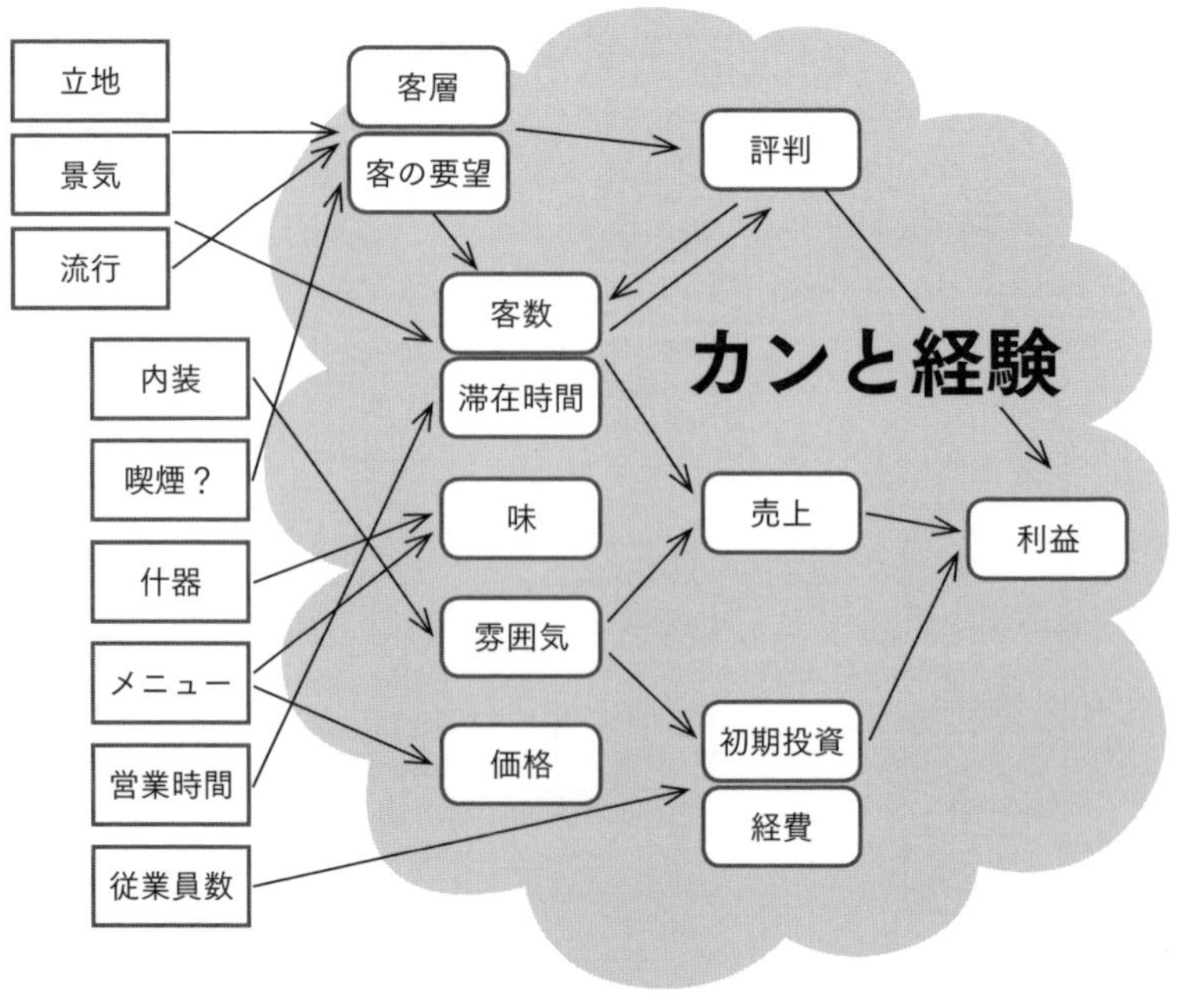

ータに代替させる手法もある。
しかし、これまで存在していなかった、全く新規の要素（例えば新規のアイディアや製品）が現れたときには事情が大きく変わってくる。90年代にティラミスやナタデココといった新たなデザートが登場したり、近年になって猫カフェや古民家カフェなどユニークな業態が登場したりというときに、それらがどういうメニューと相性が良いのかを判断する際には、カンと経験を頼りにすることはできない（図5）。カフェの近くに外国人街ができたときにどのようなメニュー構成にすべきかという問題や、企業が海外進出する際に、国内でのノウハウが活かせず苦戦するといった問題も根は同じ。カンと経験は変化と未知に弱いのだ。

図5　未知の要素が登場したときの判断が難しい

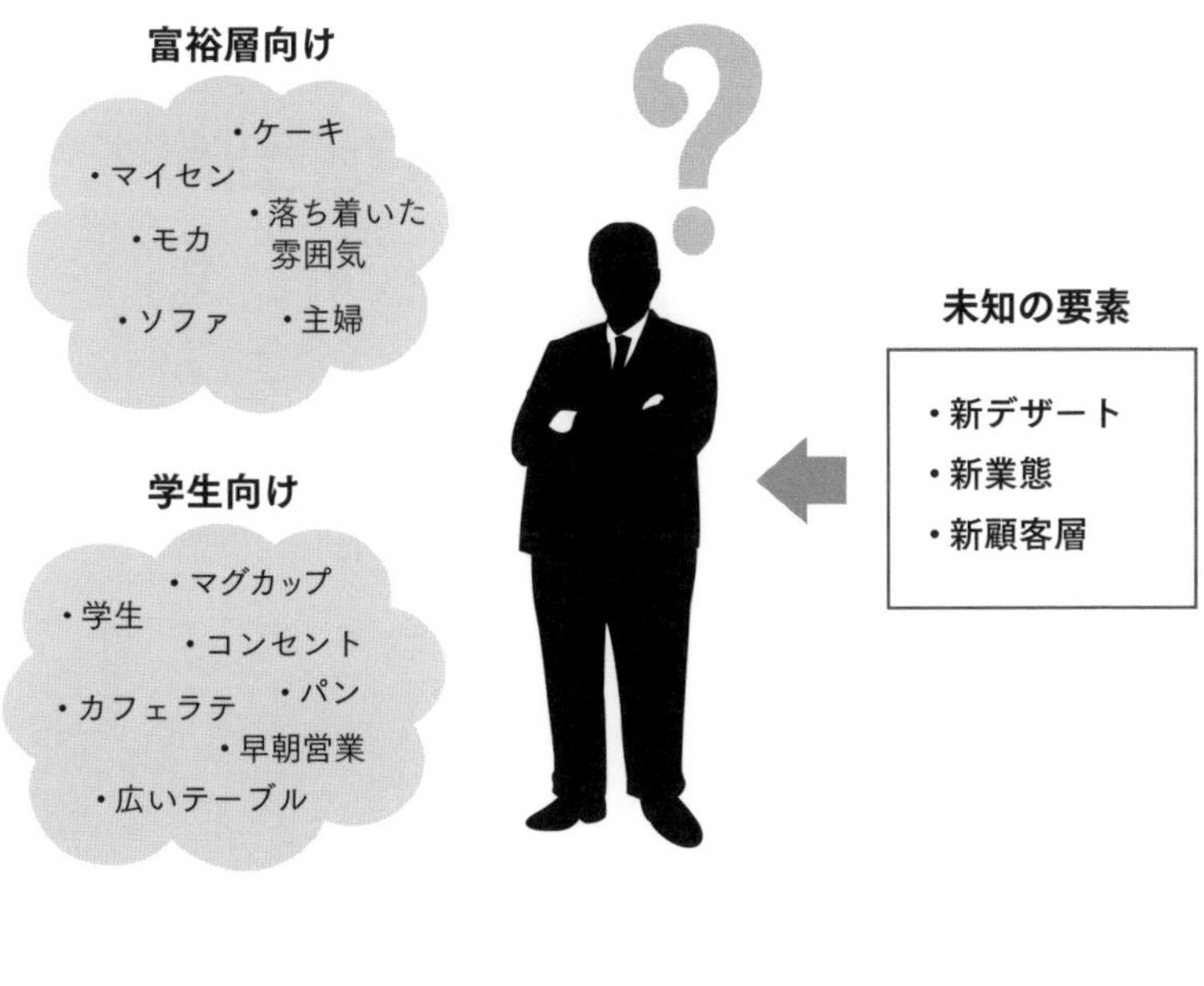

進展めざましいAIにも「不得手」がある

近年、ＡＩを用いるケースが増えてきている。なかでもディープラーニング（深層学習）などの機械学習は、画像認識や音声認識の実用化が進むなど進展がめざましい。こうしたＡＩ活用を広げることで効率的な意思決定を行うことはできないだろうか。

ＡＩ活用については、まず事前のデータ入力問題がある。ディープラーニングは、ニューラルネットワークを用いて、人間がごくあたり前に行っている作業を自動化するツールだ。顔認識などはすでに高い認識率を誇っている。※3 これは人間がはっきり「こうだ」と指摘しづらい顔の細かい特徴を捉えることによって実現している。実はこれはある意味、カンと経験、言い換えれば経験に基づいた直観的な判断がコンピュータ上に実装されているともいえる。カンと経験を実装するわけだから、当然顔認識や画像認識、音声認識などはあらかじめ大量のデータを入力しておくという方法がとられることもある。

例えば、食べ物の画像からラーメンを識別するようなＡＩを実装するには、写真やイラストを大量に入力し、「これはラーメン」「これはラーメンじゃない」と教えておく。そうすることでＡＩは次第に「これはなんとなくラーメンに近い」「これは違いそうだ」という知識を蓄え、その結果として徐々に認識率が上がっていくことになる。※4

画像認識の場合は、入力するデータは写真やイラスト、出力は対象の名前というようにはっきりしている。しかし、カフェの売上予測のようなケースではＡＩ活用の難易度はさらに上がる（図6）。そもそも、売り上げに影響を与える項目（変数）が何なのかがはっきりしていない。周囲の人口や年齢構成、地域の平均所得、競合他店の位置などはなんとなく関係していそうだが、スマホの普及率や地域の年間降水日数、犯罪発生件数などは果たしてカフェの売り上げに関係するだろうか？

どの「項目」を選択すればいいのか

２０１９年2月5日に米国で発売された『Empty Planet（無人の惑星）』において、その著者のジョン・イビットソンとダレル・ブリッカーは、それまでの予想とは全く異なる未来予測を提示した。今後約30年で世界人口は減少に転じるというのだ。

彼らが人口に影響を与えるとして導入した変数は「女子教育率の改善」だった。彼らによれば、生涯に何人子どもを産むかという女性の考えは教育による意識の改革で劇的に変化するという。イビットソンとブリッカーの予測が的中するかどうかは、今後の推移を見守るしかないが、未来予測にはこうした「変数の選択」についての難しさがある。

結果に対して影響を与える変数を「説明変数」と呼ぶが、ＡＩを活用する場合も未来予測と事情は同じで、予測したい結果に強い影響を与える説明変数を選択しないと、その結

図6　AI（ディープラーニング）を使おうにも項目の設定が難しい

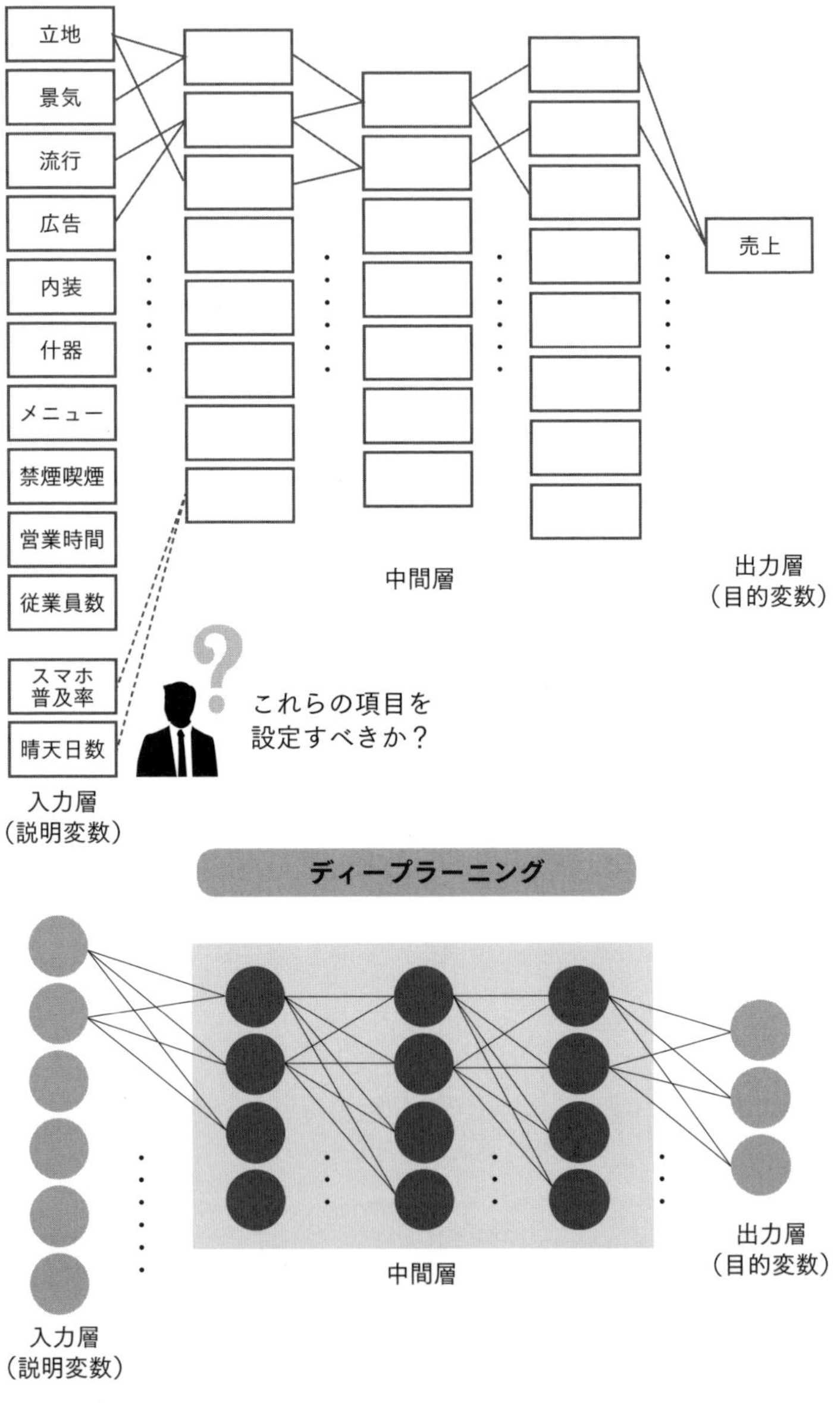

果は的外れなものになる。そして、時として説明変数には思いもよらないものが現れる。例えば、先に紹介したイビットソンとブリッカーは、人口の増減に女子教育率が大きく影響を及ぼすと考えた。カフェの売り上げ予測を行う場合なら、スマートフォンの普及率や、4G、5Gのデータ通信料金が関係してくるかもしれない。あるいは、インスタグラムや位置情報ゲームなどのユーザー数や市場規模を説明変数として最優先に考えるべきかもしれない。

一方、結果として出てくる「出力側」の要素も絞り込みが必要になる。カフェとひとくちにいっても、高校生が試験勉強できるような店を目指すのか、高齢者が午後のひとときを過ごす空間を作るのか、はたまたコーヒーそのものの味を追求した究極の一杯を提供する店にするのか、などさまざまだ。売り上げ目標を立てる前に、そもそもどんなカフェを目指すかというところから始めなければいけない。達成すべき目標が漠然としていると、客層に配慮せずに来客数を増やそうとしたり、やみくもに売上金額を増やそうとしたりと、予測すべき項目が際限なく増えていってしまう。

そこで、顧客が本当に必要としているモノ（製品）やコト（サービスや体験）はいったい何か、そして、必須の要素ではないが、顧客が求めるカフェの付加価値は何かという整理が必要になる。大量の入力データはＡＩを活用することである程度までは対応可能だが、カフェとはそもそも何か、カフェの機能は何か、そして、そのカフェの機能に基づいて何を予測すべきか、を考えるのはシステム思考の得意とするところである。特に、画期的な新規アイディアで業務を革新しようとする局面でＡＩを利用するためには、システム思考を使って予測すべき項目と、それに関係しそうな入力データを整理する「問題のフレーミング」が必要となる。これについては第3章で具体的に見ていく。

産業や社会の複雑さに伴う「意思決定の困難さ」

「効果予測」は重要だが難しい

予測を困難にしている要因の一つにシステムの複雑性がある。例えば、売上金額を増やそうと考えたときに、最初に思いつくのは定価を上げることだ。販売個数が変わらなければ定価を倍にすると売上金額も倍になるはずだが、そう簡単にいかないのは誰もが知る通り。定価を上げると顧客は購入を控えたり他店に流れたりすることで、当然のように販売数は落ち込むことになる（図7）。

価格と売上個数の関連は比較的わかりやすい例だが、実際の業務では、つい見過ごしがちなところに意外な関連性がある場合も多い。そこで、あるアイディアを実行する際には関連して何が起きるのかを前もって洗い出しておくことが重要になる。例えば外出困難な高齢者向けに、補助金を出してオンデマンド交通システムを整備する場合には、元気な高齢者がそのサービスを安いタクシーとして使い始めることも想定しなければいけない。[※5] オンデマンド交通サービスが安価なタクシーとして使われることでタクシー会社の利益が下がることを想定し、その対策を用意しておく必要がある。

新規アイディアに基づいてシステムを設計する際には、「利便性を上げるために行っ

図7　価格と売上個数の関連性

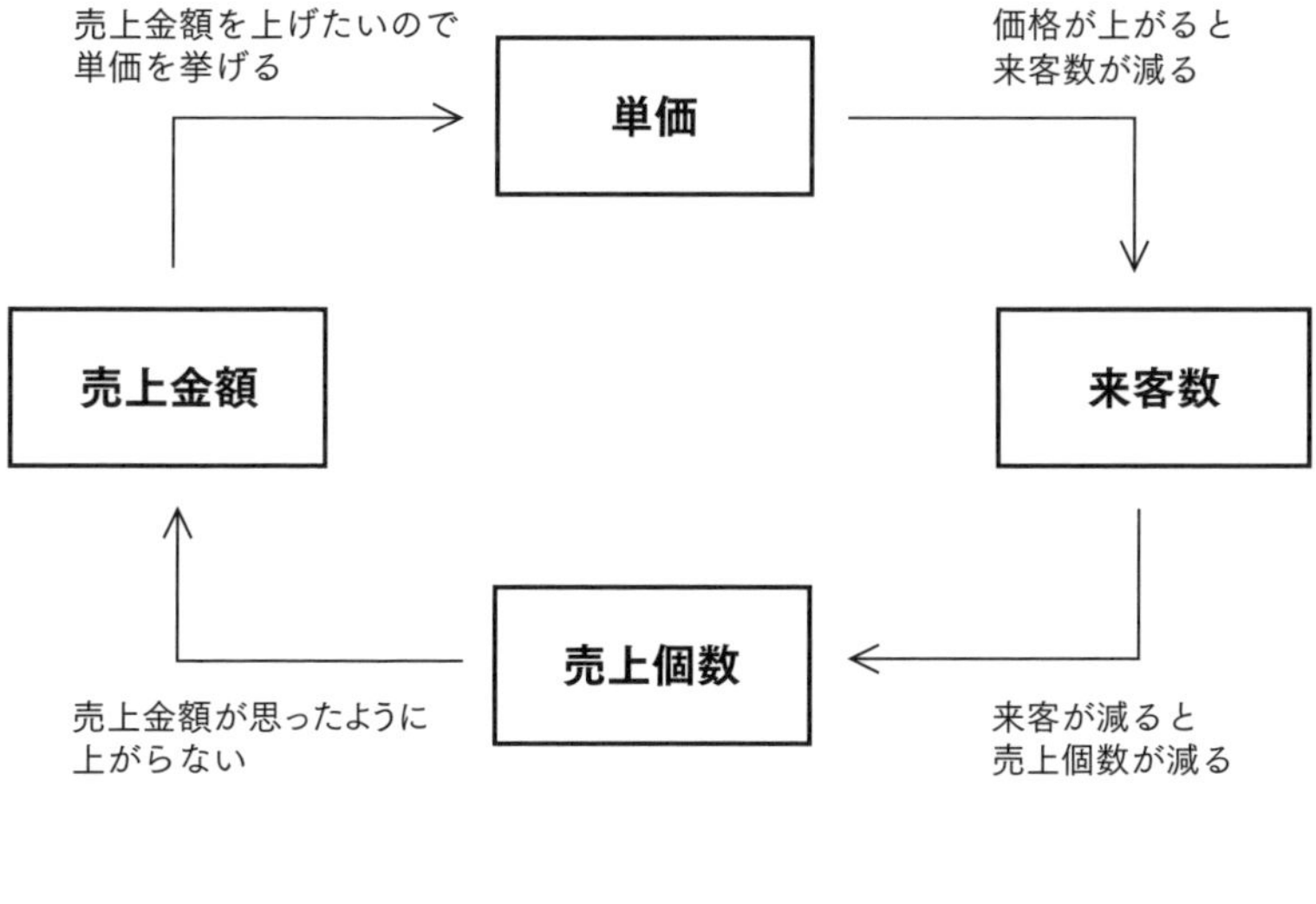

た対策が（場合によっては）思わぬ副作用を生む」ことを想定しておくべきなのだ。

もう一つ具体例を挙げよう。カフェの来客を増やすには、客の利便性を上げれば良いと考え、客にアンケートを取ったところ、「電源コンセントを付けてほしい」という要望が多く寄せられたとする。最近は、スマホなどを充電するために、電源が求められることが多い。そこで、かなりの金額を投じて店舗改装を行い、全席に電源コンセントを備えた。結果、評判は上々で確かに顧客満足度は大きく向上した。

しかし、副作用も出た。電源が使えるということで、ノートPCを持ち込んでオフィス代わりにカフェを長時間利用する客が増えてきたのだ。コーヒー一杯で半日以上作業を続ける客が増えたため、顧客満足度が上がる代償として客席の回転数が大きく落ちるという事態を招いてしまった。

こうした「思わぬ副作用」を避けるためには、コンセントを取り付けることでどういう状況が起きるか、あらかじめきっちり検討したうえで、対策を立てておく必要がある。テーブルすべてがノートPCによる作業で埋まってしまう状況を避けるためには、コンセントを付けるのは窓際のカウンター席だけでテーブル席には付けない、あるいは携帯電話の充電は可能だがノートPCの電源には使えないUSBの充電端子を装備するといった対案を考えることもできる。

もちろん、逆方向に特化するという考え方もある。オフィス代わりに使うことを歓迎して、Wi-Fi環境の整備や画面に反射しにくいような店内照明を工夫するといった、ノートPCの利用に適した整備を行い、積極的にノマドワーカーを囲い込んでいくという考え方だ。この場合は当然メニュー構成も、作業しながら食べられるような軽食や、冷めたり氷が溶けたりしても美味しさが長続きするような飲み物を揃えていくことを考えなければいけない。コーヒーのおかわりを自由にする代わりに、一杯の価格を上げるといったやり方もある。

しかし、ノマドワーカーのシャットアウトあるいは歓迎といういずれの戦略を採る場合にも共通して必要となるのは、「あるアイディアを実現すると実際には何が起こるか」という効果予測をしっかり事前に検討しておくことだ。客の要望に応えてカフェで食事を提供することと自体はさほど難しくないが、出すメニューによってはキッチンで火を使うため、店舗を大きく改修する必要が出てくる場合もある。廃油などが発生することで、産廃処理が必要になるケースも出てくるはずだが、実は、人間はこうした玉突きのように波及する影響を漏れなく評価することに向いていない。だからこそ、特に定量的な評価を行う場合は、システム思考に基づいたコンピュータ・シミュレーションの実施が有効になる。

プラスにもマイナスにもなる「機能の足し算」

もう一つ重要なのは、投入コストを変えることにより得られる効果がどう変化するかを、できるだけ正確に予測することである。

地方の公共交通機関を考えてみよう。電車やバスの運行本数が少ない場合、利用者は「どうせ駅に行っても電車は来ない」「都合の良い時間に走っていない」と考え、自家用車を使ったり、出かけることそのものを取りやめたりすることを選択しがちになる。利用率を上げるには、運行本数を増やす必要があるものの、本数を倍にすれば利用者も倍になるというわけではない。利用者は本数に比例して増えていくのではなく、ある値を超えたり、ある条件を満たしたりすると急に利用率が上がるような挙動を示すのだ。そして、ある程度まで利用率が上がればそこから先は頭打ちになる。本数をそれ以上増やしても、コストがかさむばかりで利用者が大きく増加することはない。

一般にモノやコトのコストや効果が足し算で計算できることは少ない。複数のモノやコトを重ねることによって、掛け算で効果が現れることもあれば、資金をどんどん投入しても、効果が頭打ちになることもある。

入力と出力が比例しないような関係のことを「非線形」と呼ぶ（図8）。この非線形性こそがまさに「システム」の持つ大きな特徴だ。複数の機能が組み合わさることで大きな効果が得られる相乗効果だけではなく、逆に機能同士が足を引っ張り合ってうまく働かない相殺が起きる場合もある。システム思考では両者をまとめて「創発（エマージェンス）」と呼んでいる。

望む「創発」、望まない「創発」

各要素がネットワークやサプライチェーンなどで連結されていると、個々の機能が設計された通り正常に動いているにもかかわらず、組み合わさることで思わぬ弊害が起きることもある。高速道路の上り坂やサグ（くぼ地）、トンネルではよく自然渋滞が起きているが、個々の自動車を見るとそれぞれの動作には特に異常はない。上り坂やトンネルに向かう際、わずかにアクセル

図8　線形と非線形の違い

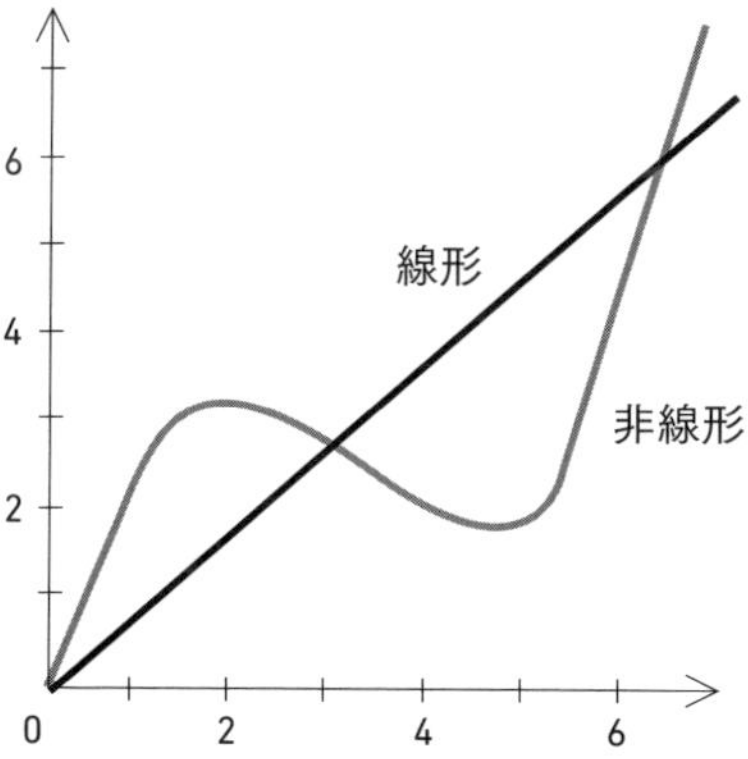

を緩める、あるいはブレーキをかけることで起きた減速が衝撃波のように後続車両に波及することで速度低下が拡大し、その結果として渋滞が発生してしまう（図9）。これは複数の自動車による相互作用が引き起こした「望まない創発」の例である。

提供されるスペックに対してユーザーが感じる利便性でも非線形の関係は発生する。例えば200馬力の乗用車は、100馬力の車に比べて利便性が2倍になっているというわけではない。技術的性能と利用者の利便性は比例しないことが一般的である。

鉄道の高速化や航空路線も同様で、スペックと利便性のあいだに単純な比例関係は成り立たない。もちろん、所要時間が短ければより利便性が高いことはいうまでもな

図9　渋滞発生のメカニズム（東日本高速道路株式会社の以下の資料をもとに作成、https://www.e-nexco.co.jp/csr/road_maintenance/maint03.html）

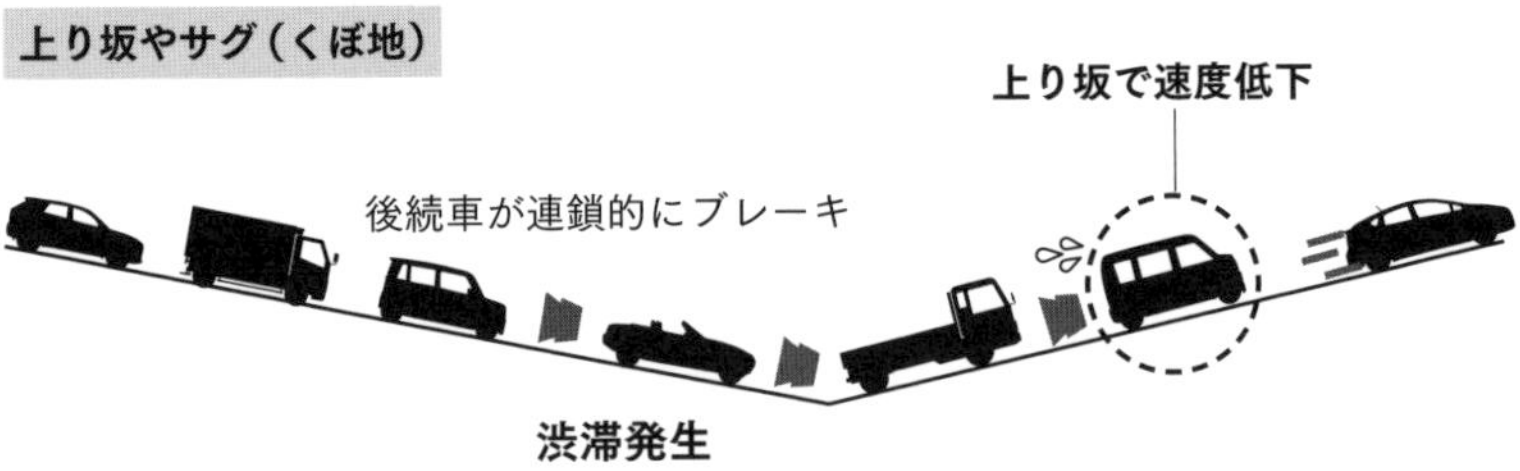

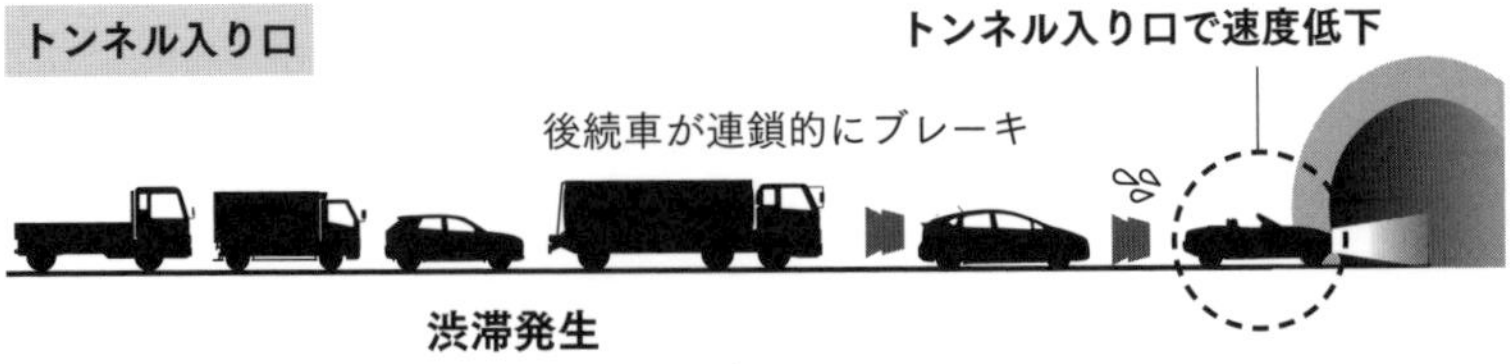

いのだが、短縮された時間の価値を決めるのはあくまでも受け手側。例えばビジネスユースで重要なのは「日帰りで出張ができるか否か」で、新幹線の整備も「大都市圏への日帰り」を目指して進められることが多い。「日帰り」を重視して所要時間を考えると、達成するには2倍の速度が必要となる2時間から1時間への時間短縮より、50%の速度アップで実現する6時間から4時間への短縮のほうがはるかに高い利便性が得られることになる。こうした現象は「4時間の壁」という言葉でも知られていて[※6]、鉄道の所要時間が4時間を切ると、航空機とのシェアが逆転するといわれている（図10）。

また、実際に日帰りが可能になると、そ

図10　鉄道と飛行機の競合の例。4時間を超えると飛行機の割合が一気に増える（JR東日本2018ファクトシートをもとに作成、https://www.jreast.co.jp/investor/factsheet/pdf/factsheet.pdf）

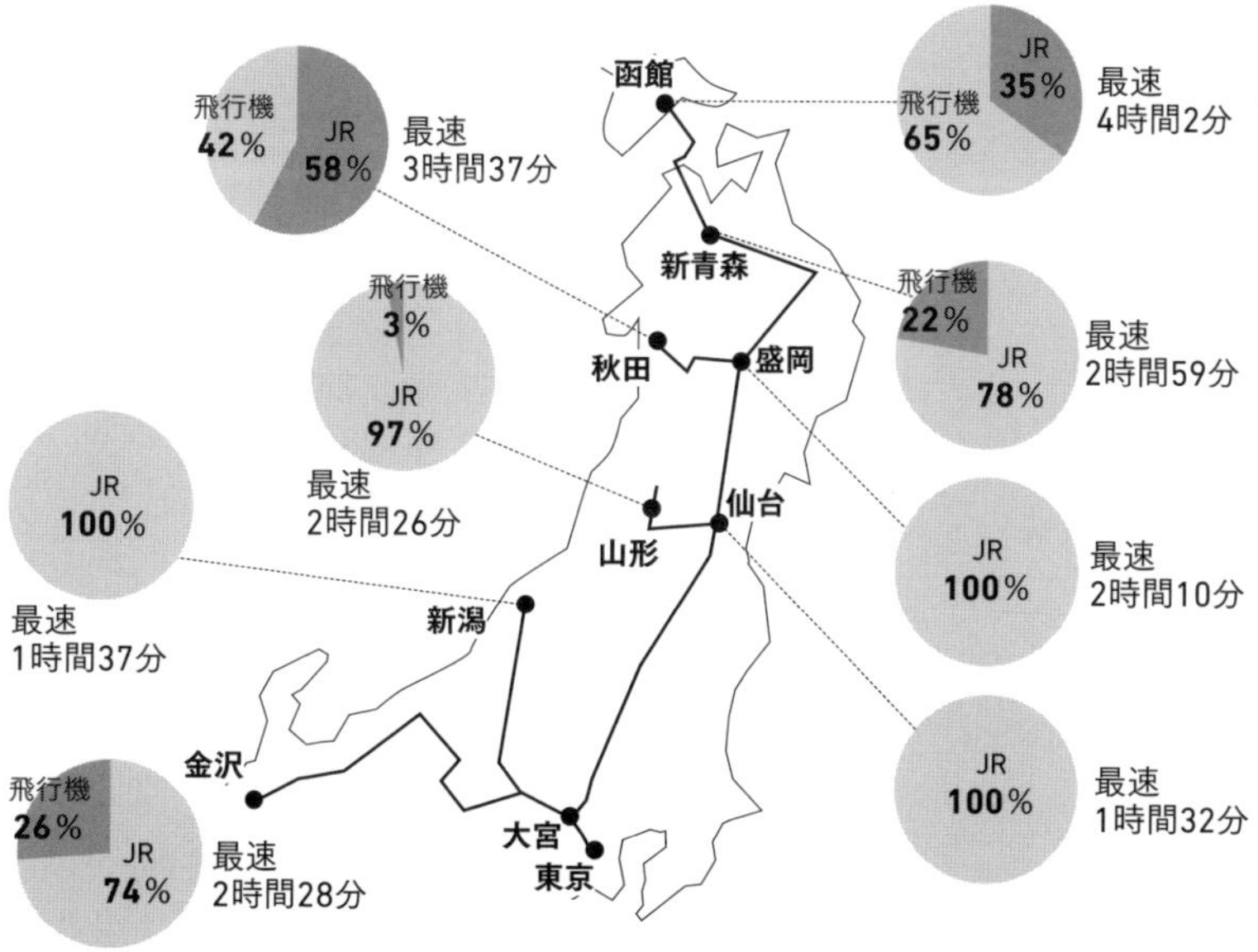

の影響は宿泊施設や観光産業などに加え、地方都市への支社や営業所の配置戦略など広い範囲に玉突き的に波及していくことになる。このように、比較的わずかな性能向上が産業や社会の構造に大きなインパクトを与えることもあれば、逆に画期的な新技術による大幅な機能向上にもかかわらず、市場に与える影響がさほど大きくないということもあり得る。ユーザー側が「何に」利便性を感じるのかをあらかじめ想定して動かないと、いたずらにスペックばかりを追求し、顧客満足度の上がらない商品を開発してしまうことにもなりかねない。

極端に規模の大きなプロジェクトやシステムの難しさ

全体のスケールが簡単に把握できないような巨大なプロジェクトを進める場合も、カンと経験に頼ることはできない。

世界のエネルギー需要増が見込まれるなか、海底油田や海底ガス田の開発が進められているが、資源開発に使用される機材のスケールは恐ろしく巨大である。例えば、海洋資源開発のための掘削に使われるセミサブリグというプラットホーム「SSV Victoria」を、運用する生産フィールドに輸送している重量物運搬船「MV Blue Marlin」。このMV Blue Marlinは、自ら水没して輸送対象の浮体構造物や船舶等の下に入り、浮上しながら持ち上げるという複雑なオペレーションを行う。

これだけでもその巨大さと複雑さがうかがえるが、このプラットホーム（SSV Victoria）が担当するのは掘削だけ。前段階として掘る位置を決める探査船、油田が掘削された後採掘を行う生産船、採掘された原油や天然ガスを運ぶタンカーなど複数の巨大な船が連携して作業を行っている。それら以外にも、図11に一部を示すように、ステークホルダー（利害関係者）が多いのだ。

複雑なのは技術的側面だけではない。海底油田は掘削コストがかかってしまうため、稼働状況は原油価格に大きく影響を受ける。実際、海底油田の稼働数は原油価格に連動して増減している。石油開発フィールドの最終仕上げ作業のためには、技術的側面とステークホルダーという巨大かつ複雑な二つのシステムを組み合わせた高度な技術が要求される。

こうした掘削機材や生産船などには建造費が1000億円になるものも少なくない。完成したものがうまく動かなかった、目的の場所に適合しなかった、完成したときには需要がなくなっていた、といった事態は致命傷になり得て許されない。カンと経験ではなく、きちんとしたロジックに基づいて計画を立てる必要があるのは当然のことである。

単一の構造物がここまで大規模かつ複雑でなくとも、業界全体を見ると多くのステークホルダーが複雑に絡み合っている例は多い。例えば海運業界。これは、船会社と荷主だけで成立する業界ではない。その他に造船会社、貿易会社、舶用機器メーカー、船級協会、港湾、銀行、保険会社、サービスベンダー、研究機関、メディア、大衆、政府、ＩＭＯ（国際海事機関）など多くの関係者がかかわっている（図12）。なかには船級協会やＩＭＯなど、一般の人が目にする機会の少ない組織もある。

　船級協会は中立的な立場で船体や機関その他設備に関する基準を定め、船舶を検査し、等級付けを行う機関で、いわば

図11　海洋掘削事業は石油開発会社を中心に、多数の専門会社が参画して行う

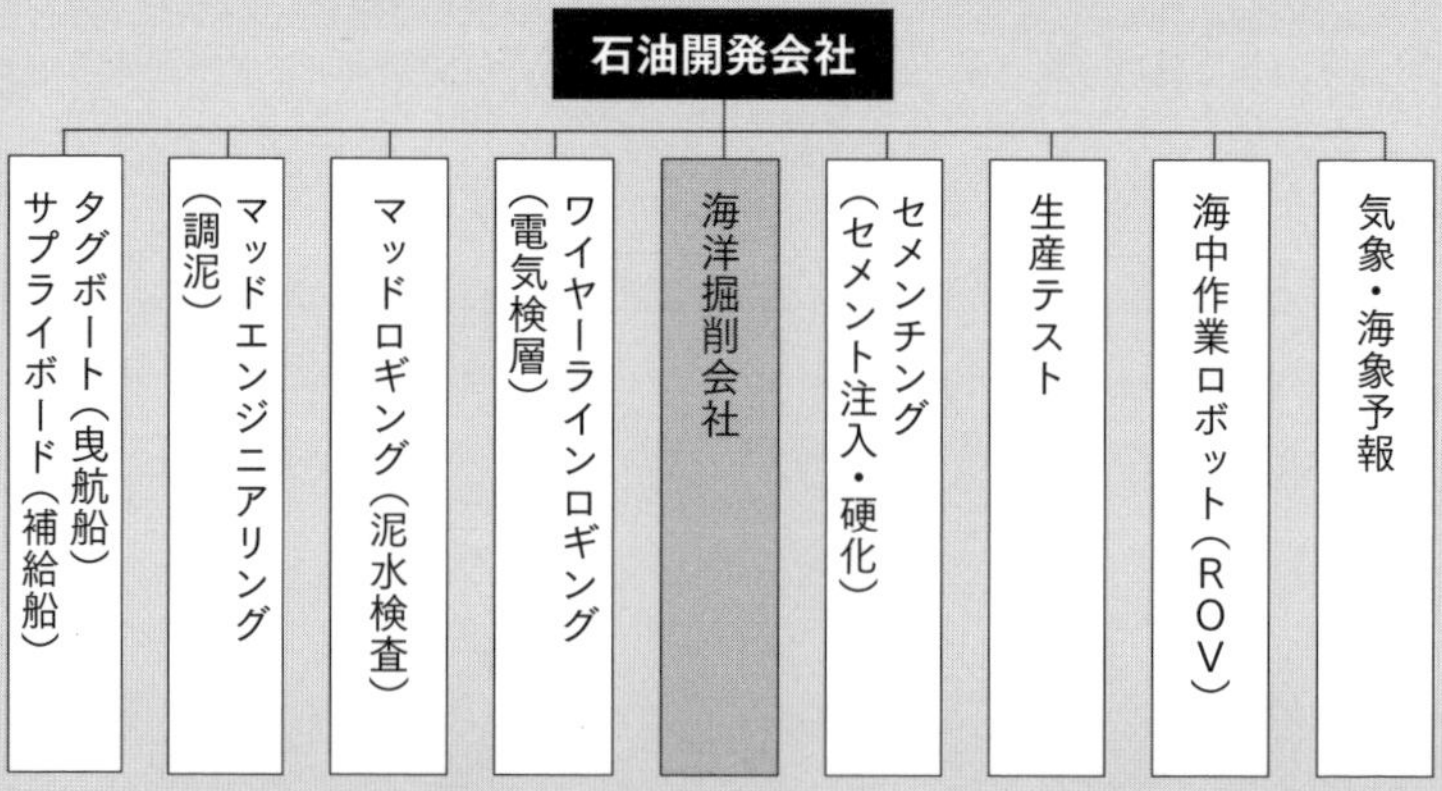

このほか、掘削リグの造船所、掘削リグ建造コンサル、サブシー機器・掘削機器・舶用機器のメーカーも大いに関係のある企業である。

「船の車検」を行っている。英国のロイド船級協会が始まりだが、日本では日本海事協会が業務を担う。ＩＭＯは、海運に関する技術的事項や政府の規則などについて政府間協力をするための国際機関で、海上の安全や効率的な船舶運航、海洋汚染の防止などに関する勧告を行う。

通常時は直接関係することが少ないステークホルダーであっても、新規事業を始めるときには密に連携を取らなければならない場合もある。アクシデントが起きたときに必要となるステークホルダーでは、有事に正常なリカバリー（回復）ができるか、普段から確認しておくことも必要だ。

図12　海運業界では、とても多くのステークホルダーが関与する

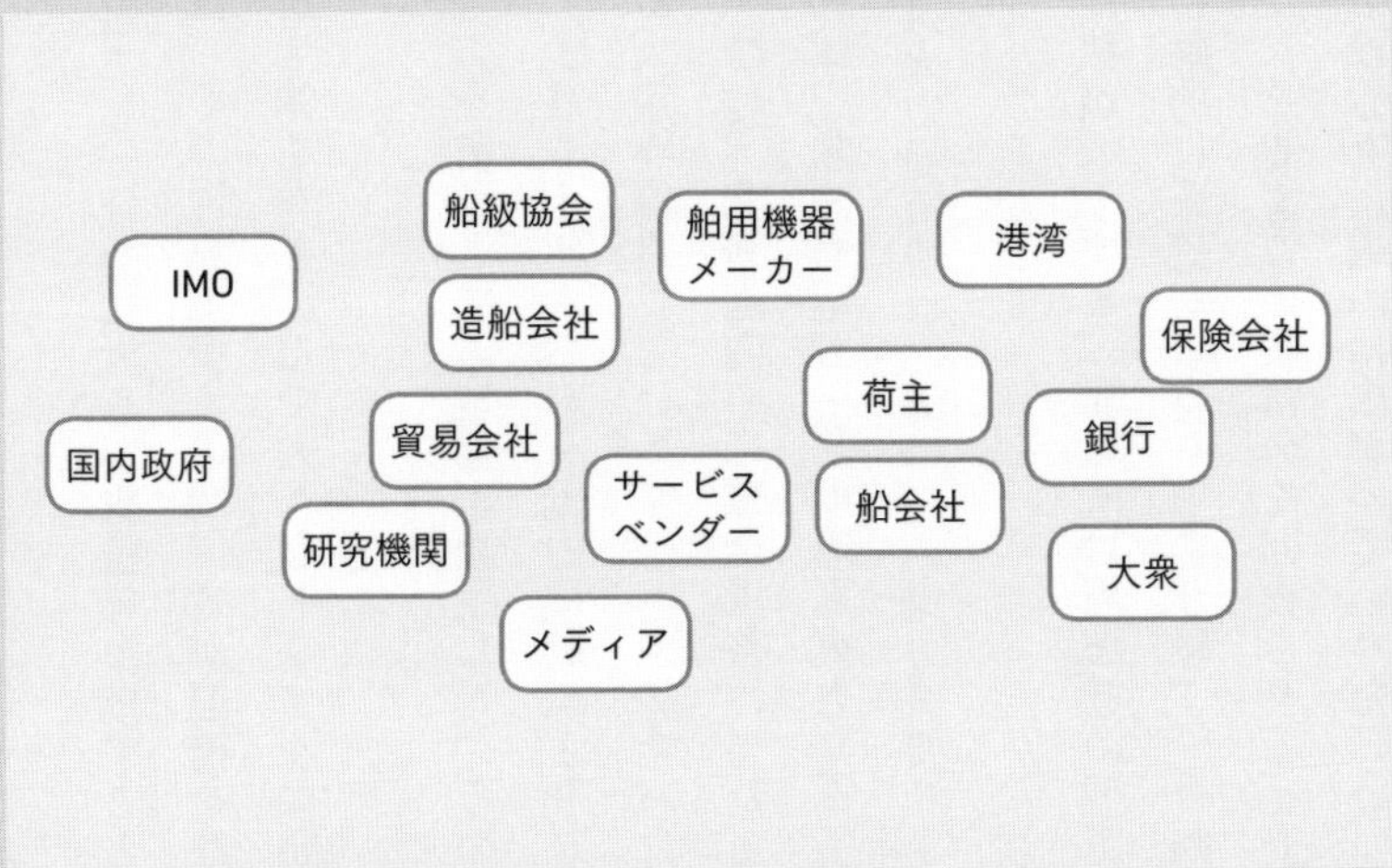

複雑なシステムが起こした「望まない創発」

複雑かつ巨大なシステムは、「望まない創発」を起こし、社会に大きな影響を及ぼすことがある。例えば電力システム。こうしたインフラは、その性質上多くの関係者が連携を取りながら動いている。このため、一カ所の不具合が全体を巻き込んで大きなトラブルに発展することがある。

２０１８年9月6日午前3時7分、北海道胆振《いぶり》地方を震源とする地震が発生した。その後、北海道全域で大規模な停電が起きた。これは、１９５１年からの9電力体制（１９７2年からは10電力体制）成立以降では日本初となる大規模停電だという。※7 一エリア全域に及ぶ大規模停電（以下、ブラックアウト）により一時は、北海道内のほぼ全世帯に当たる２９５万戸で停電した。この原因を端的に指摘すれば、北海道電力・苫東厚真火力発電所（厚真町）の一極集中である。地震発生時、苫東厚真火力発電所は北海道内の電力需要３１0万ｋｗの約半分を賄っていた。

電気は供給が減って過負荷の状態になると、周波数が低下する。変電所は周波数の低下を検知すると、他の地域に停電が広がらないよう自動的に系統から自らを切り離す。今回は苫東厚真の停止に伴い、周波数は急激に低下した。そしてこの脱落分を回復させる手立てがないまま、苫東厚真の周辺部から周波数の低下は徐々に道内に広がっていった。いくら系統を遮断しても、需給のバランスは取れず、ドミノ倒しのように停電エリアが広がると同時に、発電所も連鎖的に停止した（図13）。こうして、個々の発電所や変電所は設計通り正しく動いていたにもかかわらず、北海道はブラックアウトした。これこそまさに、「望まない創発」が起きた例だ。

少しでも停電の影響を軽微にするためには、長い時間をかけて構築してきた大規模集中型の電力システムのなかでの改善や、分散型の電力システムを取り入れる方向での選択も考えられる。

北米ニューヨークでも広範囲の停電が起きた事例がある。送電線の障害をきっかけに、電力動揺が発生、各州の発電所が次々と電力供給を停止していった。北米では、電力の自由化により電力事業が小規模独立事業者へ分割される一方、安定供給や信頼性維持が軽視されていた。米国の電気事業は私営約230社、協同組合営約890社、地方公営約2000社など数多くの会社によって運営されている。多くの関係者が複雑に絡み合っているからこそ、トラブルに対応するためにはシステムの全体像をあらかじめきちんと把握しておく必要がある。

既存技術やアイディアにこだわる危険性

最初に思いついたアイディアの呪縛から逃れることは容易ではない。古くから人間は「空を飛ぶための機械」を作ろうと挑戦を続けてきたが、真っ先に参考にしたのは大空を自由に飛びまわる鳥だった。空を飛ぶための研究は、「いかにして鳥を真似るか」から始まった。

レオナルド・ダ・ヴィンチも飛行機械のスケッチを残しているが、そのメカニズムは鳥のように羽ばたいて飛行する「オーニソプター」だった（図14）。ダ・ヴィンチすら「羽ばたき」の呪縛から逃れることができなかったのだ。その後も、羽ばたきで飛ぶ試みが繰り返されたが、それらはことごとく失敗。アレクサンダー・リピッシュが

図13　ブラックアウトまでの経緯
（平成30年北海道胆振東部地震に伴う大規模停電に関する検証委員会中間報告をもとに作成、https://www.meti.go.jp/shingikai/enecho/denryoku_gas/denryoku_gas/resilience_wg/pdf/002_04_02.pdf）

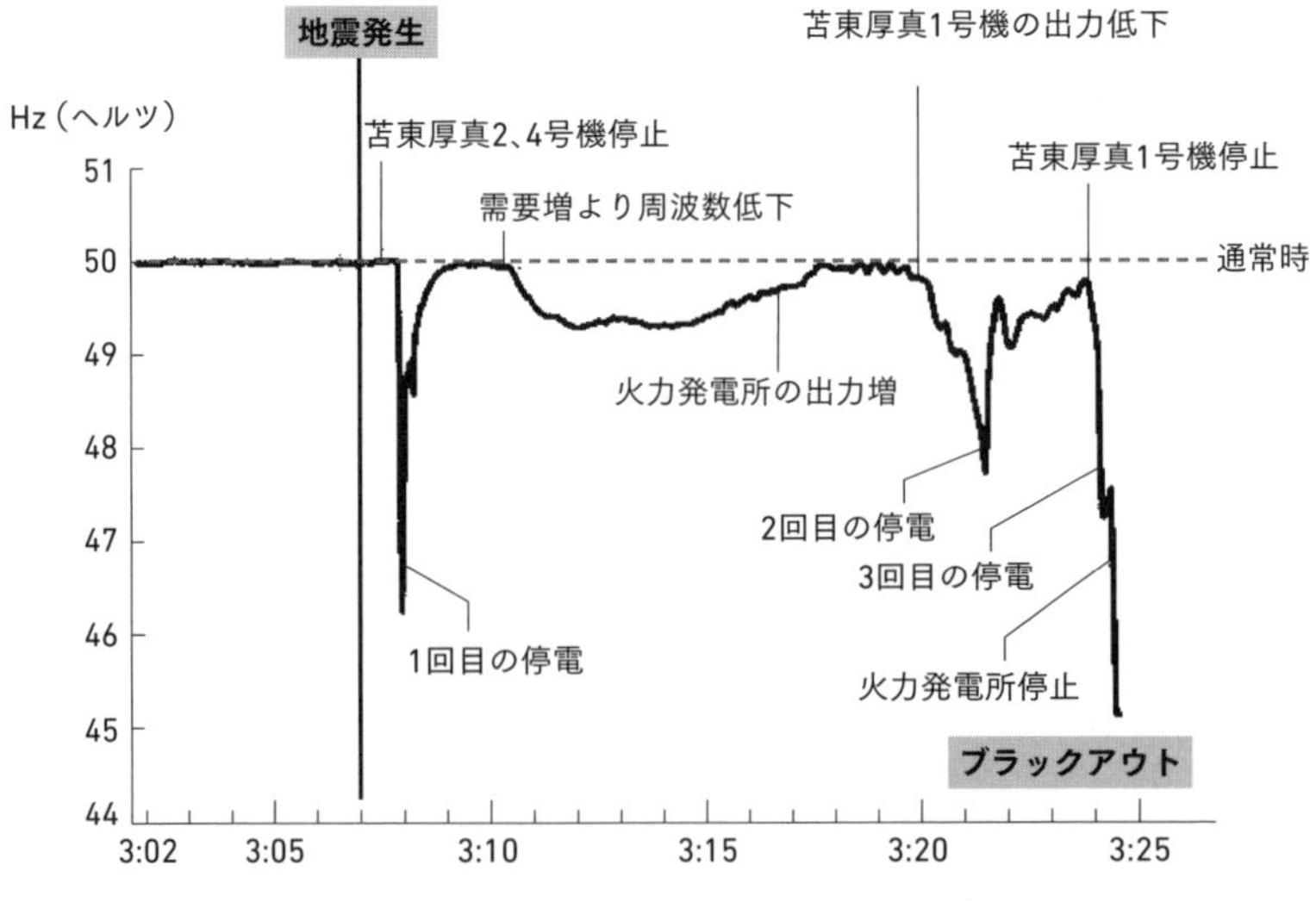

まがりなりにもオーニソプターの飛行に成功したのは1929年。ライト兄弟の初飛行から26年も後のことだった。

滑空機の実験で成果を上げたオットー・リリエンタールも呪縛にとらわれていたのではないかといわれている。ハンググライダーで成功したリリエンタールが、次に目指したのは推進力を得ることだったが、1893年に彼が取得したのは羽ばたきによって推進力を得るオーニソプターの特許だった。揚力と推進力を分けて飛行する固定翼機の発想は「羽ばたき」へのこだわりを捨てなければ出てこないが、この「こだわりを捨てる」というのは意外に難しい。

その一因となっているのが目的と手段の混同や、動きと目標実現要因の混同だ。飛

図14　レオナルド・ダ・ヴィンチが描いた飛行機械のスケッチ

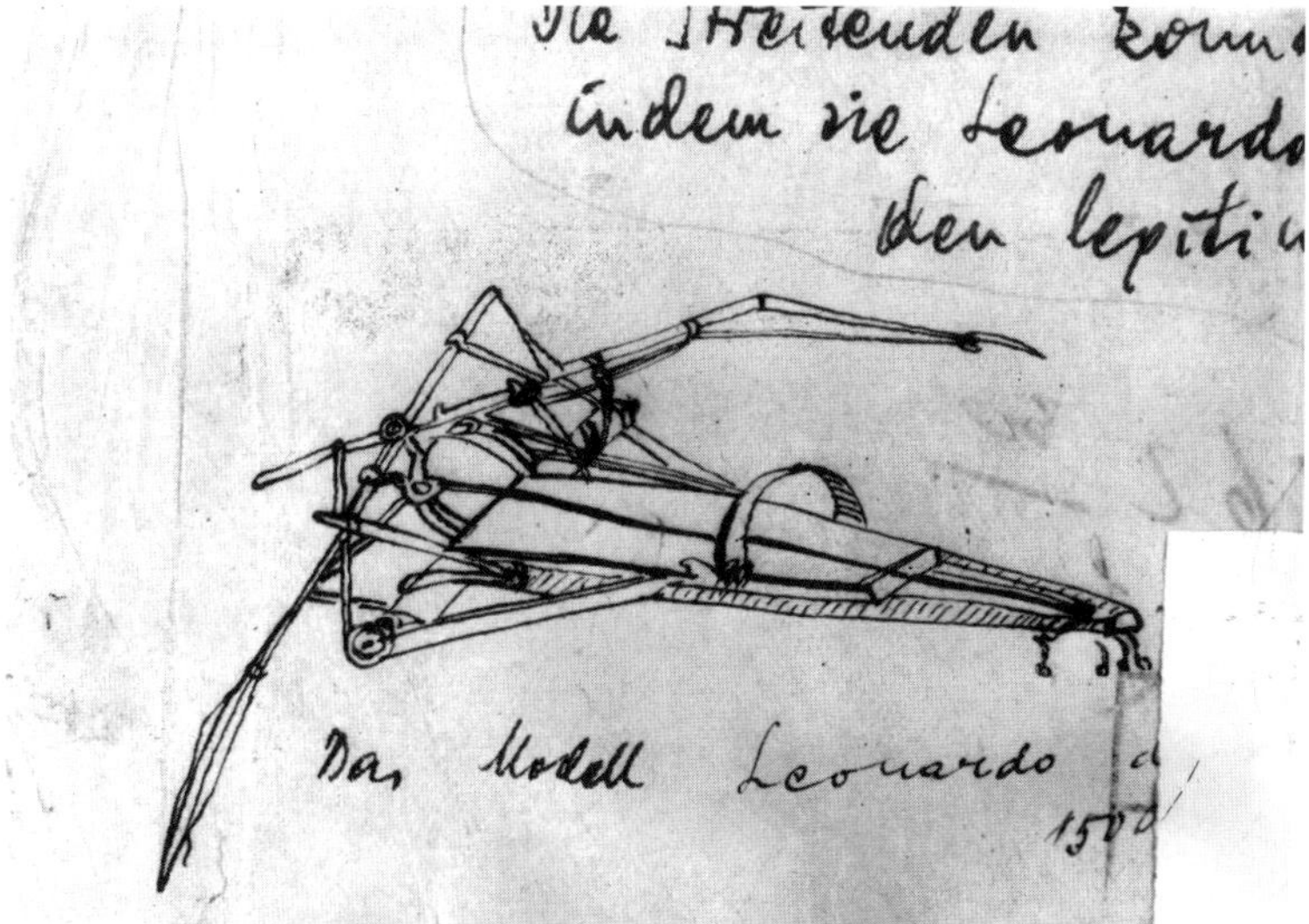

行機はあくまでも「空を飛ぶこと」が目的で「羽ばたき」は手段にすぎない。飛ぶための手段は羽ばたき以外にもたくさんあるはずだが、羽ばたきを再現することが目的になってしまうと、そこから脱することは容易ではない。新たな発想を得るには、まず目的が何かを再確認したうえで、手段との混同が無いかをチェックしなければいけない。

こうした例はいたるところにある。身近なものでは洗濯機。槽内の水流をいかにスムースに流すかにこだわっているあいだは、叩き洗いの発想は出てこない。叩いて洗うドラム式洗濯機は、まず洗濯物の汚れを落とすという目的を再確認したうえで、水流をスムースに流すという手段へのこだわりを放棄して初めて出てくる発想である。その結果、洗濯槽が縦型からドラム式になるわけだ。また、大きなところでは、船の動力。帆船から外輪船、さらにスクリュー船へと変化してきたが、目的はあくまでも船に推進力を与えること。現在はスクリューによる推進が主流だが、スクリューの効率化だけにこだわっていると次の技術革新は起こらない。推進力を得るという目的に立ち返るところから革新的な技術が生まれる可能性が出てくる。

現在うまくいっているから、あるいは危険を避けたいからと、従来の技術を捨て切れないでいると、いつのまにか時代に取り残されてしまうことになる。しかし斬新なアイディアの評価は簡単なことではない。重要なのは新技術の開発と評価を行き当たりばったりでやるのではなく、あくまでも戦略的に行うことだ。そこで、内外の大企業はシステム思考を用いたプロジェクト評価に本気で取り組んでいる。米マサチューセッツ工科大学（ＭＩＴ）で行われている大学院プログラム「ＳＤＭ（System Design and Management）」には、世界各地のリーダークラスとして活躍している人材が集まり、グループワークなどを通じてシステム思考を活用した企業戦略に関する検討を行っている（図15）。ＳＤＭへは日本企業からも積極的に社員を送り、システム思考でプロジェクトマネジメントを行う考え方を取り入れる事例が増えている。プロジェクトは多くの要素が互いに依存し合う、まさにシステムの典型だからだ。

ＳＤＭでは具体的なテーマで検討を行うことが多い。例えば自動車分野では電気自動車や自動運転、空飛ぶ自動車など、今後の発展が見込まれ、なおかつこれまでのカンや経験が通用しないような分野が対象になる。こうした分野における市場構造の分析や問題点の指摘と解決のためのアイディアなどについて、グループワークでフィージビリティ（実現可能性）を検討する。場合によってはそのまま商品化につながっていくケースもある。

目指すのは戦略を明示して、かつ業界トップを獲っていくこと。そのためには社会の利便性に結びつくこと、すなわち世のなかに望まれる機能を提案していくことが不可欠だ。それをシステム思考で成し遂げようとしている。

革新をもたらす新たな発想

わずかな視点の転換が新たな発想を生む

では、革新的かつ世のなかに望まれる機能を備えたモノあるいはコトを創発し、実現するにはどうすればいいのか。具体例を挙げながら考えていこう。

大型船舶には、船首が水面下で丸く大きく突き出した球状船首（バルバスバウ）を持つものが多い（図16）。戦艦大和でも採用されている仕組みで、大和をモチーフにしたアニメでも目にするおなじみの形状だ。船体が生み出す波と、突起による波が打ち消し合うように設計することで、造波抵抗

図15　MIT大学院プログラムSDMのウェブページ（http://sdm.mit.edu/）

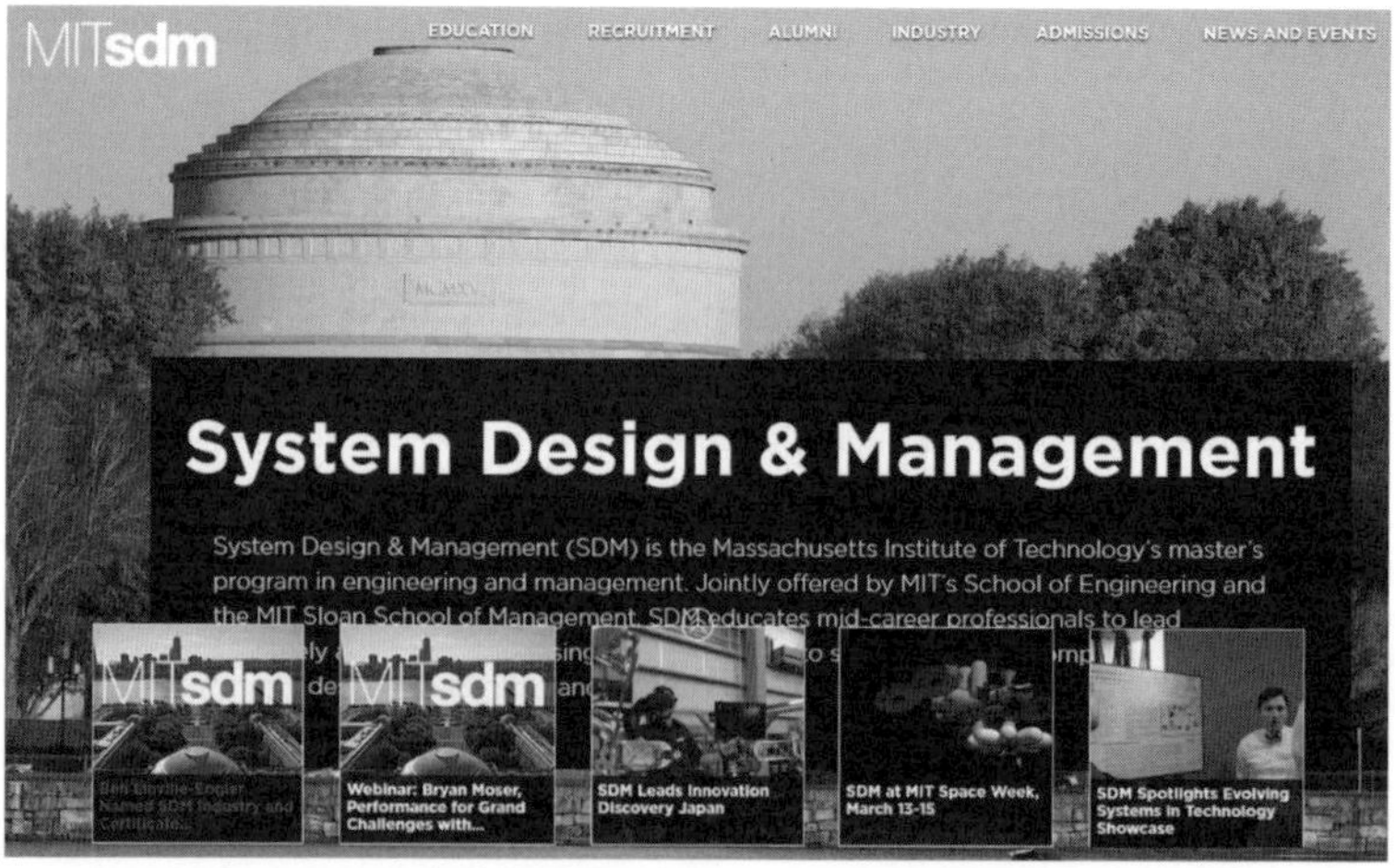

を軽減、燃費の向上や揺れの低減に役立っている。

ある程度の速度を出すには必須のメカニズムだが、最近、球状船首を持たない船が出てきているだけではなく、場合によっては外す改修を行う例もある。球状船首は速度の遅い船では効果がないばかりではなく、逆に外すことで燃費が改善するからだ。当初は20ノットで巡航する予定だった船が、燃料が高いため15ノットに落とす運用をするようになるようなケースでは、外したほうが有利になることもある。

以前は、球状船首を無くすというと、船舶業界の関係者からは「何をいっているんだ。あり得ない」という反応だったが、最近は実際に取り替えを行う事例も出てきた。

図16　大型船舶の球状船首の例

© ollo/Getty Images

「モノを作ったらそのまま最後まで行く」という頭のなかの常識によって切り捨てられていたアイディアが、コストを真面目に考えることで採用された事例といえる。巡航速度を落とすという選択も、「船は速いほうが良い」という常識にとらわれるのではなく、遅い船を多数走らせる運用と、速い船を何往復もさせる運用のコストを比較して検討を行った結果として、あり得るのだ。

別の例を挙げよう。流通業において、問屋を通さず直販に移行するほうが有利か否かという問題も簡単には判断できない。世のなかの流れはウェブサイトからの直販へと動きつつあるようだが、扱いの難しい商品だと、在庫を持つことによるリスクも大きい。問屋が在庫管理の機能を持つような場合もあるため、直販に移行したときにメーカーが損をするか得をするか、判然としない場合も多い。このとき、問屋の機能をきちんと分解し、どの機能にいくらのコストを支払うかを検討することで「この機能は必要だが、こちらは必要ない」と提案を行い、従来とは異なる問屋の新たな業態を考えることも可能になる。

不良品に対する考え方でも「これまでの常識」とは異なる方針を立てることができる。本来、不良品率は低ければ低いほど良いが、完全にゼロにするためには膨大なコストがかかってしまう。そこで、1%ほどまで下がった段階で、それ以上は不良品率を下げることを放棄し、ハズレをつかんだユーザーには即座に新品を送って対応するという考え方も出てくる。送り直した新品が再び不良品である確率は１％。お詫びを兼ねて２個送る対応をすれば、その２個とも不良品になる確率は１万分の１。１００個の出荷予定に対して１０２個の製品を用意するだけでこうした対応が可能になる。不良品率を限りなくゼロに近づけるよりも、はるかに低コストで対応できる可能性があるわけだ。

もちろん、不良品使用の際に生命に危険が及び得るような場合や、新品交換に大きな手間がかかるような商品では、こうした手法をとることはできない。また、一時的とはいえ不良品が消費者の手元に渡ることで、ブランドイメージが低下するリスクもある。しかし、こうしたリスクとメリットを常識にとらわれずに評価することが、業務の見直しにつながるとも考えられる。

意外な方法で大きな効果を得る

以前の常識では考えられなかったような新たな発想が、すでに効果を上げている例もある。例えばアマゾンの物流センターは、系統立てた整理をするのではなく、納品された商品を空いているスペースにどんどん詰めていくフリーロケーション方式で倉庫管理がなされているという。一つの棚にジャンルがバラバラのアイテムがまとまって収納されることになる。商品を手作業で取り出すことは不可能で、コンピュータにロケーション情報を問い合わせる必要がある。そのうえで倉庫ロボットが可動式の商品棚を動かし、商品の棚入れと棚出しを行っている（図17）。

最大のメリットは倉庫整理の必要がなく、空いたスペースをどんどん使うことができること。大量に入荷したアイテムが所定のスペースに入りきらなくなることも、廃盤アイテムが出たときにスペースを詰める必要もない。

フリーロケーションで管理を行うには、商品とロケーションのデータを処理するための高度なシステムが必要になる。手近なところで見つけたからといって、指示されたロケーションとは異なる場所から商品をピックアップするような行為も厳禁だ。

商品を一見乱雑に見えるような手法で管理するという方法は、従来の常識では考えられないやり方だった。しかし、ユーザー側から見ると倉庫に必要な機能は「指示した商品が素早く正確に出てくること」であって、内部がどのように管理されていようと関係ない。フリーロケーション管理システムは、倉庫の目的を明確にしたうえで、今までになかった新たな手段で達成した手法だといえる。

航空関係では、一見関係のなさそうな意外な取り組みが効果を上げた事例がある。航空関連情報の提供を行っているOAG Aviation Worldwide Limitedによると、[※8] 運行便数世界トップ20の航空会社において、２０１７年の定時運航遵守率第1位は85・２７％の日本航空、第2位には83・81%で全日空が続き、日本の航空会社がワンツーを獲得するという結果となった。また、空港別の定時出発率も日本が圧勝。年間出発供給座席数が3000万以上の大規模空港では羽田空港が86・75%で1位を獲得した。

定時運航を実現するには、機体の整備などのハードウエア面はもちろん重要だ。しかし、それ以外にも思わぬサービスが結果的に定時運航率向上に貢献した可能性がある。定時運航を意図して導入されたわけではないと考えられる「ラウンジパスを多めに発行する」「制限区域内のレストランやショップを充実させる」などだ。

これらは確かに顧客満足度を高めそうだが、定時運航には貢献しそうにない。こう

図17　倉庫ロボットが可動式の商品棚を動かして商品の棚入れと棚出しを行う

© NurPhoto/Getty Images

した一見関係なさそうに見えるサービスがなぜ定時運航に関係するのか。それについては、顧客がいったい何を求めているのか、その要望を正確に知ることがなによりも重要だという問題を考えることで、その正体が見えてくる。

本章では、高度システム化社会において、企業が必然的に遭遇する変化と未知に対処して勝ち残るために、システム思考がいかに重要か、その概要を説明した。次章では、「システム思考を用いて顧客の要望を解き明かして見える化し、良い創発につなげる仕組み」を具体的に見ていこう。

注釈

※1　内閣府、「平成30年度　年次経済財政報告―「白書」：今、Society 5.0 の経済へ―」など。
https://www5.cao.go.jp/j-j/wp/wp-je18/h03-01.html

※2　George A. Miller, The Magical Number Seven, Plus or Minus Two Some Limits on Our Capacity for Processing Information
http://www.psych.utoronto.ca/users/peterson/psy430s2001/Miller%20GA%20Magical%20Seven%20Psych%20Review%201955.pdf

※3　ＮＥＣ、「世界No.1の性能を誇る顔認証」
https://jpn.nec.com/solution/face-recognition/index.html

※4　「Googleの猫」のように、ＡＩが自発的に物体を認識する事例も出てきている。
New York Times, How Many Computers to Identify a Cat? 16,000
https://www.nytimes.com/2012/06/26/technology/in-a-big-network-of-computers-evidence-of-machine-learning.html

※5　オンデマンド交通については、以下の資料などが参考になる。
オンデマンド交通協議会、東北における地域公共交通の活性化及び再生の動向と課題について
http://www.odtc.jp/docs/confe/11-1.pdf

※6　日本経済新聞、新幹線と飛行機の間にある「4時間の壁」
https://www.nikkei.com/article/DGXMZO90410270R10C15A8I00000/

※7　平成30年北海道胆振東部地震に伴う大規模停電に関する検証委員会　中間報告
https://www.meti.go.jp/shingikai/enecho/denryoku_gas/denryoku_gas/resilience_wg/pdf/002_04_02.pdf
経済産業省資源エネルギー庁、日本初の〝ブラックアウト〟、その時一体何が起きたのか

https://www.enecho.meti.go.jp/about/special/johoteikyo/blackout.html
日経エネルギーＮｅｘｔ、北海道のブラックアウト、なぜ起きた?
https://tech.nikkeibp.co.jp/dm/atcl/feature/15/031400070/090700076/
電力広域的運用機構、地震発生からブラックアウトに至るまでの事象について
https://www.occto.or.jp/iinkai/hokkaido_kensho/files/hokkaido_kensho_01_04_1.pdf

※8　OAG Aviation Worldwide Limited　〝On-time performance for airlines and airports and Top 20 busiest routes Based on full year data 2017
https://www.oag.com/hubfs/Free_Reports/Punctuality_League/2018/PunctualityReport2018.pdf

第2章

良い「創発」を生み出す

システム思考と工学的アプローチ

本章のポイント

- 顧客の「要望」を正しく理解する
- 要望を「機能要求」と「非機能要求」に区別する
- 機能要求を「企業変革」や「業務改善」に生かす
- 機能要求を「見える化」し、良い創発につなげる

顧客の要望や要求をきちんと理解する

顧客は何を望んでいるのか?

良い創発を生む新しいアイディアを考えるには、システムが何を提供するのか、顧客が望む目的にまで遡って検討することが求められる場合がある。そして、その目的を明確に定めるには、顧客が何を求めていて、どんな基準に従って行動しているかを正確につかむことも重要になる。

1968年に出版されたT・レビット博士の『マーケティング発想法』[※1]は、「ドリルを買う人が欲しいのは『穴』である」という有名な格言から始まっている。正確にはこの格言は、レビット博士が文中で紹介している「昨年、1／4インチ・ドリルが百万個売れたが、これは人びとが1／4インチ・ドリルを欲したからでなく、1／4インチの穴を欲したからである」を意訳したものだが、50年以上たった今でもマーケティングの本質を突いた言葉として高く評価されている。

ホームセンターに「ドリルが欲しいんです」というお客さんが来店した場合、店員は「どんなドリルや刃をお探しですか」とドリルそのもののスペックを聞いてはいけない(図

1)。「どんな材料にどういう穴を開けたいのですか」と質問することで、最初に顧客の要望を明らかにすることが肝要である。もしかすると、ドリル以外で穴を開けるほうが効率的かもしれないし、そもそも穴を開ける必要がない場合すら考えられるからだ。

　こうした視点が有効なのは、販売だけではない。モノやコトの開発においても、顧客が求める「穴」が何かを明らかにすることで、刃の硬度を上げなければいけないのか、高い精度が重要なのか、あるいは発生する熱を逃がす仕組みが必要なのか、開発の方向性を適切に判断することが可能になる。

　もちろん、一歩引いた視点から「そもそも、本当に穴が必要なのか」を問い直すこともできる。最終的な顧客の要望が「部材の組み立

図1　店員は、顧客にドリルが欲しいと言われたからといって、ドリルだけを想定してはいけない。顧客の考えていること（要望）を正確に読み取る必要がある

て」だとすると、ボルトとナットを使うのではなく、クギや木ネジ、接着剤や溶接などの対案を出すほうが、満足度が高くなるかもしれない。また、最初から穴の開いた材料を提供することで、顧客が自分で穴を開ける必要がなくなるケースも考えられる。

顧客の行動を決める要因

顧客が真に必要とする要素に対する検討はもちろん大事だが、顧客の行動を決定する要因はこれだけではないことにも注意が必要だ。顧客にとっては、「自分が必要なものをどのように手に入れるのか」という視点も重要な要因となるからだ。顧客が必要とするものが「穴」だとして、その穴を素早く開けたいのか、軽い力で開けたいのか、騒音や匂いが出ないように開けたいのか、削りかすが飛び散らないほうがいいのか――。これらも顧客の行動を左右する重要な要素となる。

第1章の最後で取り上げたラウンジパスと航空機の定時運航率の関係を思い起こして欲しい。この事例では、「どのように」という視点がかかわっている。それについて説明しよう。

航空会社や空港に対し、乗客が求める必須要件は「出発地から目的地への移動」だが、乗客が求めるものはそれだけではない。目的地への安全な移動という最低限必要な要件を満たしたうえで、さらに「遅延がない（定時運航）」「シートの座り心地が良い」「搭乗手続きがスムース」「窓側（あるいは通路側）に座れる」「機内食が美味しい」「運賃が安い（あるいはポイントが貯まる）」「待ち時間が快適」「母国語が使える」など、提供されていればより満足度が高まる多種多様な要望をも合わせて持っている（図2）。そして、飛行機に乗る際、乗客はできる限りこれらの要望を叶えようとしながら、その場その場の行動を決定していく。

フライト遅延が起きる原因の一つに、搭乗予定の乗客が時間通りにゲートに現れないことがある。出発時刻が迫っているのに、手荷物検査を受けていなかったり、朝ご飯を買うための売店を探していたりという乗客の行動が、定時運航の妨げとなっているのだ。これらは乗客が

図2　顧客の求めるものには、「必要不可欠」と「できれば欲しい」の2種類がある

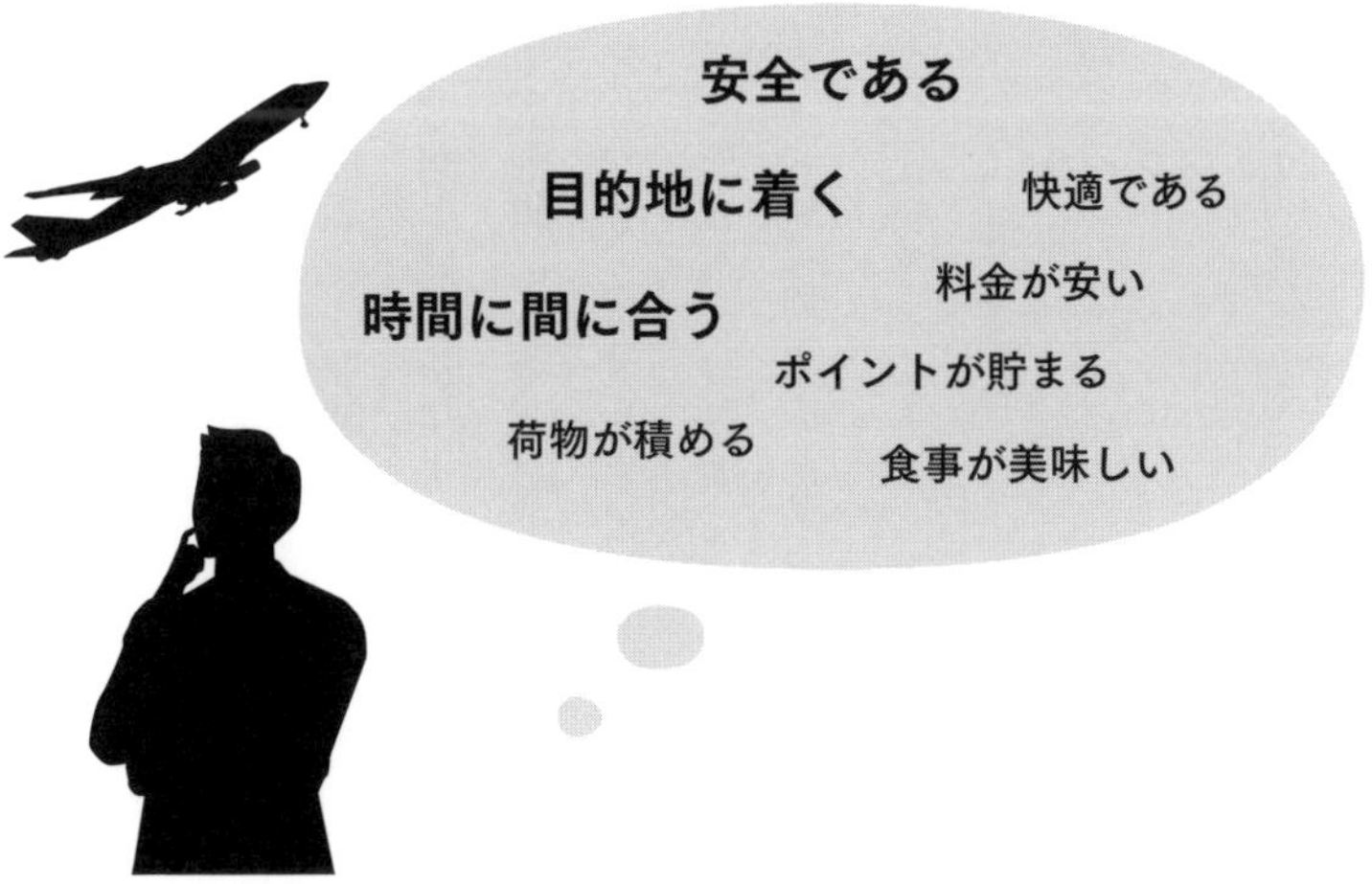

「快適な待ち時間」や「空港での美味しいご飯」を求めることが原因となって発生している可能性がある。

しかし、乗客がなかなか手荷物検査を受けないという事態は、セキュリティゲートを抜けた先の保安区域が魅力的な場所だと軽減されるのではないか。「保安区域内で美味しい朝ご飯が食べられます」「ラウンジパスを発行するので、出発前の待ち時間を快適に過ごしていただけます」というアピールは、乗客の顧客満足度を大きく高めるだけではない。結果的に乗客が早め早めに保安区域に移動することで、定時運航率の向上にも寄与することになる。外部からの視点では、ラウンジパスに関して航空会社や空港側に定時運航率の向上という意図があったかどうかについては想像するしかない。それでも、航空サービス、旅行客、空港を「システム」として見た場合、部外者からでもこうした帰結は説明できる。一見すると定時運航とは関係なさそうなサービスが、意外なところ（フライト遅延の解消）に波及するという例だ。ユーザーが求めているものを正確に把握することで、こうした「意外な波及効果」を戦略的かつ効果的に打ち出していくことも可能になる。

要望を機能要求と非機能要求に分けて考える

このように顧客の要望は、「必須の機能」と「可能であれば実現して欲しいこと」に大別できる。飛行機の場合、必須となる機能は「乗客が目的地の空港まで安全に移動すること」だ。一方、必須とはいえないが可能であれば実現して欲しいこととして、「座り心地の良いシート」「定時運航」「美味しい機内食」などが挙げられる。

システム思考では、必須の機能を「機能要求」、可能であれば実現して欲しいことを「非機能要求」として区別している。顧客の要望をこうした視点で整理することで、モノやコトの設計をスムースに進めることができる。ドリルの例で考えると、機能要求は「顧客の持つ部材が、穴の開いていない状態から穴の開いている状態に変化すること」となる。「ドリルやその刃」は機能要求にはならない。また、非機能要求としては、「加工の際に大きな力を必要としない」「騒音が出ない」「切削屑が周囲に飛び散らない」などが考えられる。

機能要求、非機能要求という視点でカフェの例を再検討してみると、「そもそもカフェとは何を提供するものか」というところから考えなければいけないことが明らかになる。漠然とした「カフェはコーヒーを出すところだろう」という考えは、「お客さんがドリルを買いに来たんだから、ドリルやその刃を売ればいい」という安易な対応と同じだ。実際、カフェの来店目的が「打ち合わせ」「待ち合わせ」「ノートPCを持ち込んでの作業」といった客も少なくない。最近はこれらに加えて「スマートフォンの充電」が目的という顧客も出てきている。そうなるともはや「コーヒーそのもの」は非機能要求として位置付けられることになる。

カフェや飛行機の例における機能要求と非機能要求を改めてまとめると図3のようになる。

非機能要求こそ満たすのが難しい

非機能要求をどう満たすか。これは必須の機能ではないため逆に難しい。快適性にかかわる部分を思い切って省いてしまい、価格を安くするという選択肢もあれば、要望にできる限り応えることで顧客を囲い込んでしまう戦略も考えられる。

一般に非機能要求は、コストを増やすと良くなることが多い。特に快適性にかかわる部分はコストを乗せると概ね改善することがほとんどだ。しかしながら、そのコストは顧客の支払いに跳ね返ってくるため、無暗にコストをかけるわけにもいかない。そのためエンジニアリングとは、「適切

図3　機能要求と非機能要求の例。どちらに該当するかについては、顧客の要望に応じて変わってくる

	機能要求の例	非機能要求の例
カフェ	コーヒーが飲める 打ち合わせができる	コーヒーの味が良い 居心地が良い
飛行機	目的地に安全に着く 時間に間に合う	シートが快適である 食事が美味しい

なレベルの顧客要求（非機能要求）を適切なコストでうまく達成すること」ともいえる。

「ビジネスクラスは高すぎるけれど、プレミアムエコノミーだったら払える」といった顧客への対応を考える際、まずはどの程度のコストで、どの程度の快適性を求めているのかを判断する。もしかすると価格が問題ではなく、何かのルールや規範があるかもしれない。そのうえで限られたコストでいかに性能を上げていくかを追求する。そうしたギリギリの調整のなかで「ここならいける」という線を狙っていくのが、モノやコトのエンジニアリングである。

顧客の要望・要求以外の外的要因にどう対応するか

成熟産業こそシステム思考が必要な理由

業界そのものが古くから続いていて、顧客の要望も業務形態もしっかり固まっている成熟産業では、新規事業や革新的なアイディアを評価し創発するシステム思考は必要ないようにも思われるかもしれない。しかし、成熟産業こそ、定期的にシステム思考で業務を再検討しておかなければならない。
　飲食店を例に考えてみよう。業態としては古くから固まっていて、技術も一見、「伝統的な技術」「枯れた技術」を使っているように思える。もちろん現場では冷蔵庫の性能が上がったり、これまで入手できなかったような食材が流通するようになったりとオペレーションや食材など細かいところで進歩や改革は進んでいるものの、業務の流れが一新するような事件が起きることはめったにない。しかし、突発的な出来事に未知の対応を迫られることはある。
　２００３年12月、飲食業界をゆるがす衝撃の事件が起きる。アメリカでＢＳＥ（牛海綿状脳症、いわゆる狂牛病）の疑いのある牛が発見されたことから、日本は米国産牛肉の輸入停止を決めたのだ。大いに困ったのは、米国産牛肉に依存していた牛丼チェーン店。牛肉が入手できなくなった大手チェーン店の明暗がここで分かれた。主力商品を豚丼などに切り替えた吉野家に対し、すき家は牛肉をオーストラリア産に変え、あくまでも牛丼の提供を続けた。その結果、吉野家は売り上げを落とし、顧客はすき家に流れていったという報道もされた。[※2]
「ここはさすがに変わらないだろう」と思っているところに大きな変化が起きたとき、どう対応するかで明暗が分かれる。過去、食材関係では米の不作で、輸入タイ米の消費が求められた1993年米騒動（平成の米騒動とも呼ばれる）事件なども起きている。今後も例えばマグロやウナギなど、現在は普通に流通している食材が、いきなり入手困難になるという可能性はある。こういう事態にはどのように対応すべきだろうか。

牛丼チェーンにおけるBSEの影響では、まず、顧客の要求を正確につかんでおく必要があった。「牛丼を食べたい」というのは、顧客が必須と考えている機能要求なのか。あるいは、「丼を食べたい」が機能要求で、牛か豚かは非機能要求なのか。そこを見誤ると売り上げは大きくダメージを受けることになる。ここで「そんなことはわからない」などとは言わないで欲しい。もし、それで済むならその仕事はAIやロボットに奪われることになる。

顧客の要求をつかんでおくと同時に、平時から業務のフローをシステム思考で分析し、問題が起きたときにどう対応するかをあらかじめ考えておくことも欠かせない。災害が起きて東日本と西日本の物流が途絶えたらどうなるか、原油価格がいきなり3倍になったら何が起きるか、普段使っている調味料に発がん性のあることが判明したらどうなるか。こうした流れのなかでは、米国産牛肉が入手できなくなるという可能性も当然、検討課題として取り上げられることになる。この課題に考えられる対策としては、米国に変え得る牛肉入手先をあらかじめ確保しておくことや、普段から牛丼以外の商品を提供しておくことで顧客の舌を豚丼など他のメニューに慣らしておくことなどが考えられる。

長く続いてきた業界が変革の波にさらされる例は、これまで何度も繰り返されてきた。電話帳を使って営業を行ったり、アンケートを取ったりというように、固定電話を前提としたビジネスモデルは多かったが、それらは携帯電話やインターネットの普及で業務形態を大きく変えることになった。電話による通話そのものも、時間と距離を根拠とした通話料金課金システムは、ＶｏＩＰの登場とともに無意味なものとなった。自動車業界も電気自動車の普及で、ガソリンエンジンが存在することを前提としたビジネスモデルが変化していくことが考えられる。そして、その影響は自動車メーカーだけにとどまらず、ガソリンスタンドや道路行政など幅広い範囲へと波及していく。

変革の波を乗り切るには

業態を変化させることで変革の波を乗り切り躍進を果たした企業といえば、真っ先に富士フイルムが挙げられる。デジタルカメラの登場により、安泰と思われていたカメラフィルムの需要が激減した際、富士フイルムはコア技術[※3]の使い方や適用分野をシフトさせ、医療機器や高機能材料へと進出することで危機を乗り切った（図４）。

医薬品や化粧品事業を立ち上げた同社ＣＴＯ（最高技術責任者）の戸田雄三氏は、「今の時代、ＩｏＴやＡＩなど技術がビジネス環境を大きく変えています。技術革新が産業を大きく変化させるトリガーになります。ＣＴＯこそが主役となってビジネスを大きく育てる時代なのです」とビジネス変革の重要性を語っている。[※4]

新ビジネス立ち上げにあたってはコア技術の見極めと、ビジネスを取り巻く環境を知ることも重要だという。少し長くなるが、このことを端的に示す戸田氏の言葉を引用する。

「現在のコア技術と育てていくべき将来のコア技術。富士フイルムにとって、まずやらなければいけないことは、このコア技術を定義すること

図4　デジタルカメラの普及で写真用カラーフィルムの総需要（右目盛、ピークの2000年度を100とした場合）は一気に落ち込んだものの、富士フイルムの売上高（左目盛）にはその影響はほとんど見られない（富士フイルムの資料をもとに作成）

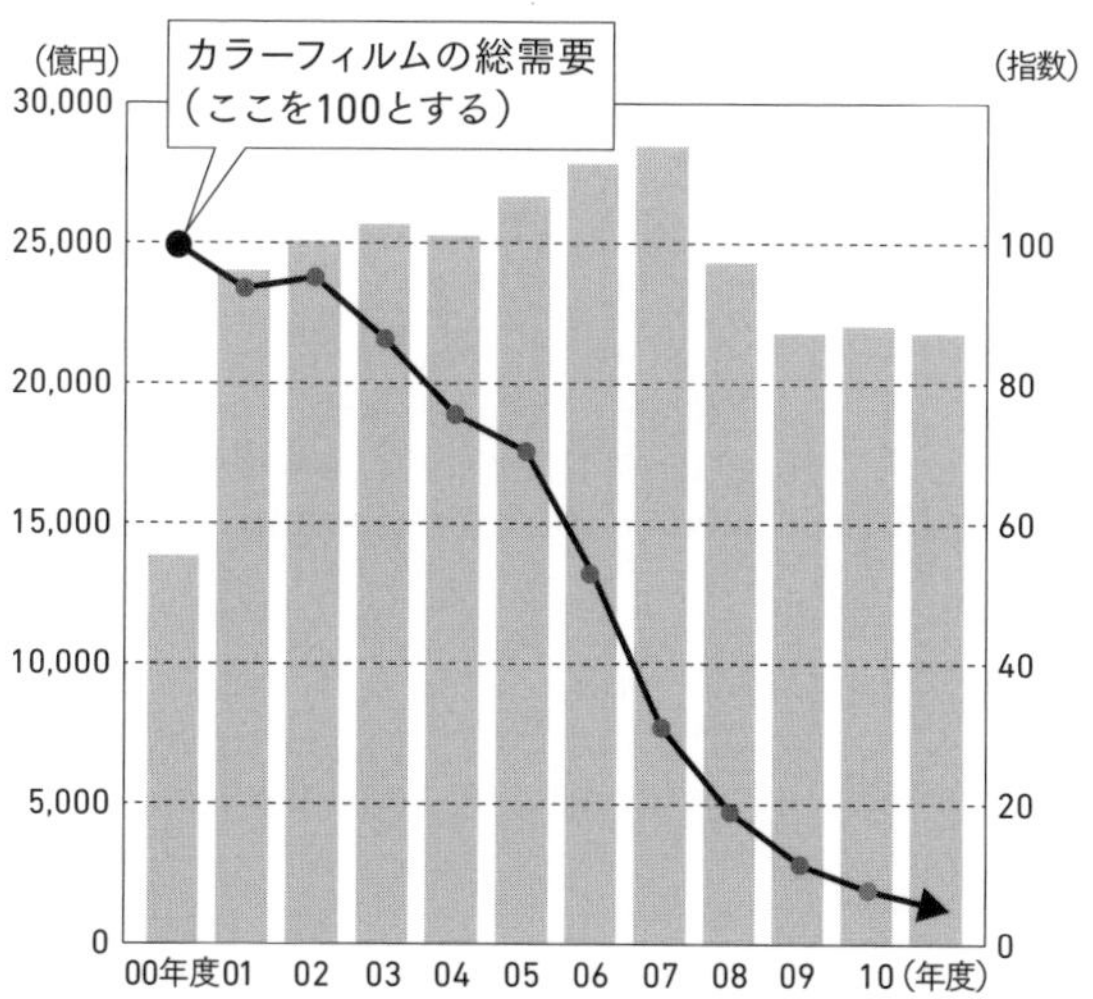

でした。どこを自社の強みとするのか、技術的な優位性はどこにあるのか。これを見極めて定義しなければなりません。そのためには、ビジネスを取り巻く環境についても知らなければなりません。現在の環境と、これから世のなかがどの方向に向かい、その先にどのような世界が待っているのか。その業界がどう変化し、将来はどのようなニーズが生まれるのか。将来求められることを理解したうえで、その時に必要とされるコア技術を定義し、今から磨いていくわけです」

このように、「コア技術の定義」と「環境の変化を知ること」の重要性を説いている。加えて、実現すべきことと、実現手段を明確に区別し、実現手段の使い方を柔軟に捉えることの重要性を示唆している。[※5] この前提として、「コア技術の深化なくして企業の成長はない」との認識を歴代経営陣が共有していた」のも大きいだろう。[※6]

一方、「イノベーションの罠」にはまり込んだのが、米イーストマン・コダック社（以下、コダック）だ。コダックは高収益の銀塩フィルムの市場シェアが高く、そこに経営資源を集中するほうが効率よく稼げるため、新たなビジネスの展開が遅れた。フィルムに特化した結果、新たな技術革新に対応できなくなったとされる。[※7]

こうしたイノベーションの罠、言い換えれば「イノベーションのジレンマ」は、米ハーバード・ビジネス・スクールのクレイトン・クリステンセン教授が提唱した企業経営の理論である。優れた特色を持つ商品を展開する大企業が、その特色を改良することに執着し、新たな特色を持つ商品を売り出し始めた新興企業に後れを取ってしまうというものだ。コダックは2012年に経営破綻した。この破綻は経営学者やメディアから「イノベーションのジレンマ」に陥った典型例と指摘されている。

顧客が真に求める「機能要求」により業務を改善

一見しただけでは大きな業務改善の余地はないように思える企業でも、業務内容をしっかりシステムとして捉えることで新たな展開を考えることができる。

例えば、銀行は預金を集め、融資を行うことが業務の中心だ。しかし、住宅ローンを組む顧客はローンを組みたくて銀行に来るわけではない。顧客の真の要望は家を手に入れることであって、お金を借りることは真の要望を実現するための手段にすぎない。マイホームを建てる際、見積もりが出てからローン審査が通らないような事態が起きるのは本末転倒である。

フィンテック分野の先進銀行として知られるスペインの銀行「BBVA（ビルバオ・ビスカヤ・アルヘンタリア銀行）」は、顧客のライフスタイルに合わせた住宅を提案するサービスを行っている。日本でも金融機関、不動産会社がそれぞれ住宅ローン相談会を行っているが、それぞれ強み、弱みがある。BBVAはこの二つをつなぐ形で「BBVA Valora」というアプリを通じ、住宅価格の見積もりや、近隣地域における同一価格帯の住宅についての情報を提供している[※8]（図5）。さらに金融、不動産に加え、保険などの分野ともシームレスに連携、顧客のライフスタイルやライフイベントに合わせた金融商品が提案できるようになっている。同社が目指すのは、あくまでも顧客の要求に合わせたサービスの提供だ。法規制など簡単に解決できない問題もあるが、日本でも今後こうした方向での動きが加速していくことが考えられる。そのために、顧客が真

図5　BBVAのアプリはApp StoreあるいはPlayストアで提供されている（写真はApp Storeの画面）

に求める「機能要求」と「非機能要求」を明らかにしておくことの重要性はより高まるはずだ。

顧客自身が、機能要求を正確には把握していないこともある。90年代初頭にＭＩＴに持ち込まれた製造業の受注生産業務に関する案件では、受注システムを担当する技術者が「製品の受注処理を効率化したい」という要望を出していた。担当者は他の部署から「受注に時間がかかっている。効率化して欲しい」との要望を受けていたためである。

もちろん、受注処理のスピードアップは顧客満足度を高めるためには重要なことだ。しかし、ＭＩＴが処理プロセスを検討してみたところ、効率化のための工夫はすでに一通り実装済みだった。それだけではなく、これ以上受注処理を迅速化しても受注をもらってから製品を生産し、その製品が顧客先で使用されるまでの期間短縮にはほとんど影響がないことも明らかになってきた。[※9]

では、なぜそんなに受注処理を急ぎたいのか。よくよく話を聞いてみると、納期を短縮して顧客満足度を高めたいという。しかし、受注処理そのものは顧客からするとそれほど重要ではない。たとえていえば、飛行機に乗る乗客にとっては、遅れずに飛ぶことが最重要で、チェックインカウンターが空いているか混んでいるかの重要度は低いのと同じことである。ＭＩＴが受注から生産、納品、稼働までの全プロセスを調べたところ、受注処理が22日で終わっているにもかかわらず、注文を受けてから生産が終わるまでが75日、納品した後の検収作業に85日かかっていることが判明した（図6）。このスケジュールでは、受注処理の速度を倍にしたとしても短縮はわずか11日程度にすぎない。しかも、すでに受注システム効率化はさまざまな工夫が進められており、これ以上削るのは難しい。

本当の問題は、受注処理ではなく製造工程と検収に時間がかかりすぎていることだった。そこで、検収部分はチェックリストを作成し活用して効率化するなど、受注処理以外のところで改善を図っていった。本当の問題を把握できたことにより、ほとんどコストをかけることなくより迅速にサービスを提供できる環境が整い、顧客満足度も一気に高めることができたのである。

図6　顧客側から見た処理プロセスの「メンタルモデル」。各部分の幅が、所要日数に比例していないことに注意。納期全体の中で受注処理の占める実際の日数は多くないにもかかわらず、顧客側は受注処理のみに着目していた（『システム思考』（東洋経済新報社、2009年）をもとに作成）

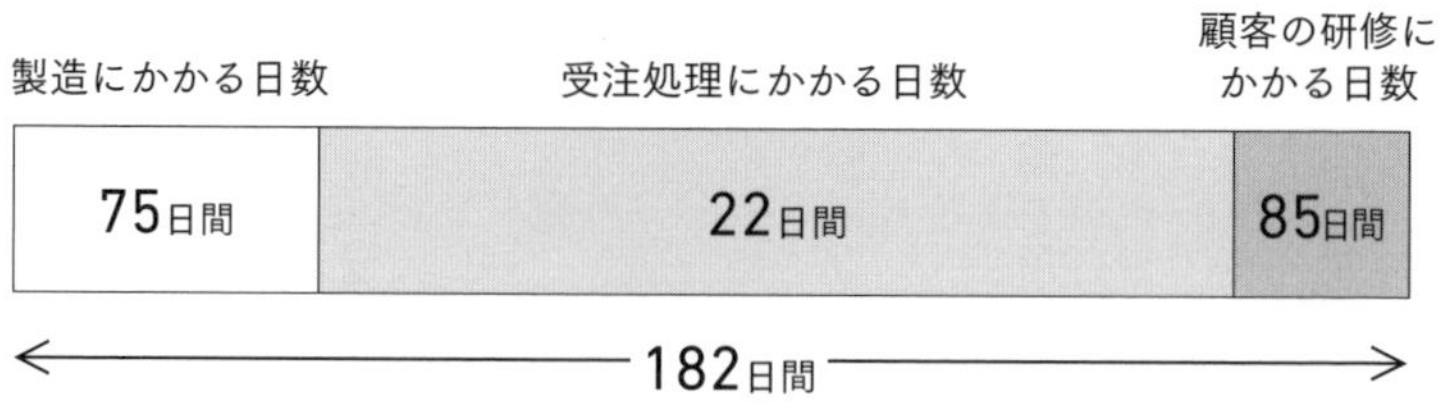

要求を見える化し、書式化する

ステークホルダーの関係を明らかにする

ビジネスを進めるには機能要求を明らかにすることが重要だ。しかしながら、ＭＩＴに持ち込まれた案件のように、そもそも顧客自身が何を求めているか、その機能要求がはっきりしていない場合もある。また商取引の場合は、基本的に商品と金銭で価値の交換が行われるが、行政や各種団体が相手となる場合は、それ以外に情報や制度、社会の状態変化が対価となる場合もある。

例えば、過疎地の交通網整備で考えてみると、住民は外出をしたい、バス運営会社は金銭的な利益を得たい、行政は地域を活性化したいなど、それぞれ異なった目的を持って動いている。もちろん、こうした目的には運賃や補助金など、金銭による対価も発生するが、それ以外にも法改正や路線運航の許認可など、金銭以外の価値が発生することもある。

自分自身や顧客の要望をはっきりさせるには、まず、「ステークホルダー（利害関係者）がどのように関係しているか」を整理する必要がある（図7）。その方法の一つが、ステークホルダー・バリュー・ネットワーク（ＳＶＮ）図を描くことだ。ここでいうステークホルダーとは、意思決定のコンテキストにおいて直接もしくは間接的に利害関係のある人、あるいは組織のことであり、製品やサービス、システムはステークホルダーには含まれない。

　こうしたステークホルダー間における「価値」の流れを示した図がＳＶＮであり、ステークホルダーを長方形で、価値の流れを矢印で描く（図8）。価値とはコストに対する「便益」のことで、便益とはステークホルダーにとって「役に立つ」「重要である」「効用のある」もので、理想や期待する状態に近づいたときに得られる。価値には金銭や製品の他、法律や規則、情報や評判なども含まれている（図9）。

　ＳＶＮに対する理解を進めるために、具体例となる過疎地の交通で考えてみよう。住民

図7　自分や顧客の要望をはっきりさせるには、ステークホルダーがどのように関係しているか」を整理する必要がある

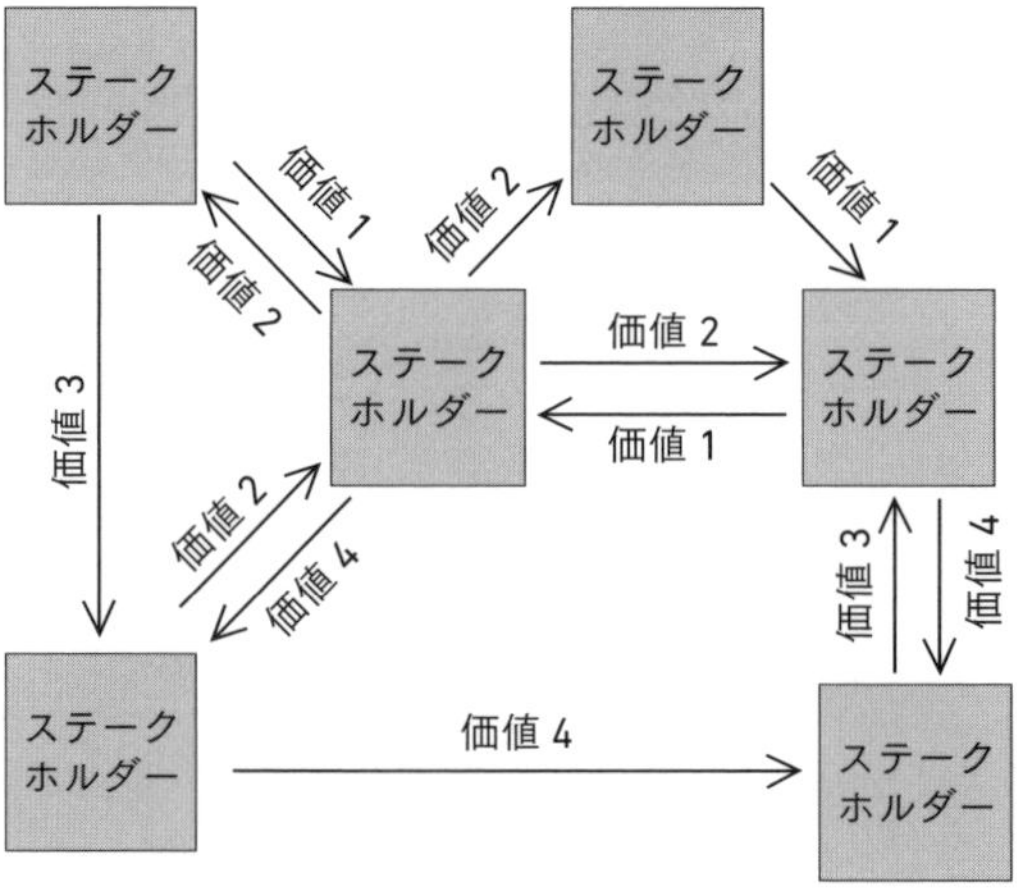

はバス運営会社から「場所の移動」という価値を得る代わりに、「運賃」という価値を支払う。行政は住民から「地域の活性化」「税収増」という価値を得る代わりに、運営会社に「補助金」や「許認可」という価値を支払うといった関係を考えることができる。

このとき、注意しなければいけないのが、「直接的なお金やモノ・コトの流れ」とステークホルダー間の「価値の流れ」を混同しないことだ。例えば、タクシーを使って移動する際、乗客はタクシードライバーに運賃を支払うが、実際に乗客に価値を提供しているのはタクシー会社である。タクシーが個人タクシーで、売上の管理と経営は運転手が自分で行い、無線の配車だけを協同組合に依頼しているケースなどは別だが、一般的なタクシー会社の場合はSVNを描く際、乗客とドライバーを矢印で結ぶので

図8　簡単なSVNの例。ステークホルダーが企業と取引先の例。企業はモノあるいはコトを取引先に製品を提供し、取引先は企業に代金を支払う

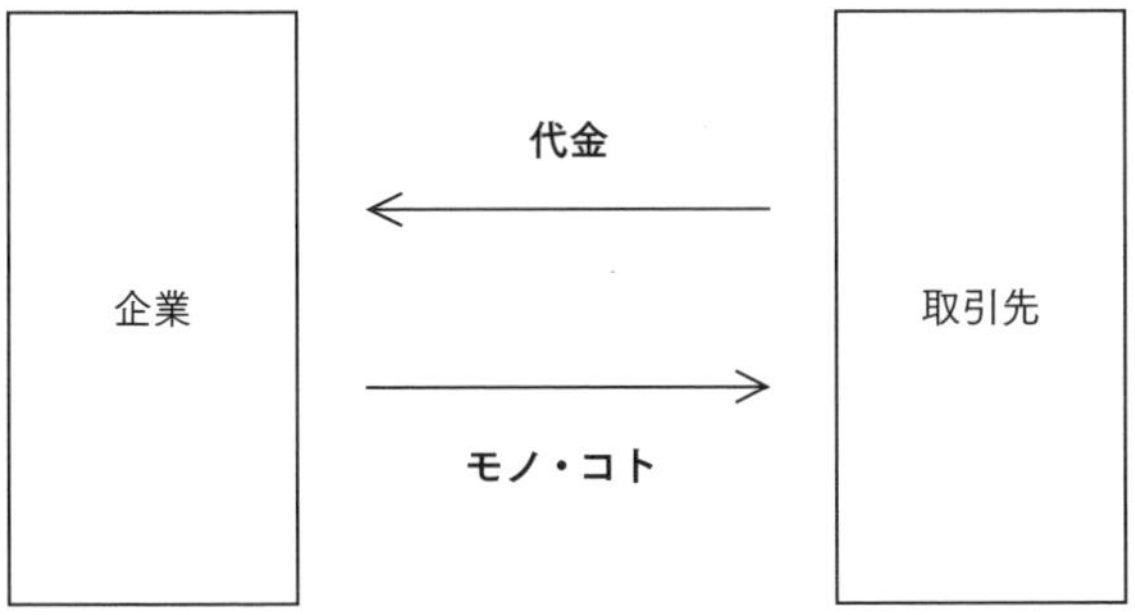

はなく、タクシー会社と乗客を結ばなければいけない。なぜなら、サービスの提供者はタクシー会社だからだ。

このことは自動販売機でモノを買う場合を考えるとわかりやすい。現金を投入したり商品を受けとったりする相手は自動販売機だが、自動販売機はステークホルダーにはなり得ない。自動販売機は「あなたには売らない」といった意思決定を行わないからだ。同じように今後、タクシー会社が自動運転の車を使うようになると、個々のタクシーは自動販売機と同じ位置付けになる。タクシー運転手を乗客と直接結びつくステークホルダーにしてしまうと、タクシーを自動運転車にするといった手段の置き換えにうまく対応できなくなってしまうことになる。

eコマースにおける宅配便業者も、モノの受け渡しと価値の移転が異なる例として考えることができる。通販で買った品物を届けるのは宅配業者だが、品物と

図9　ステークホルダー分析における基本用語とその定義

基本用語	定義	サブクラス
ステークホルダー	意思決定のコンテキストのなかで、直接的に、もしくは間接的に利害関係がある人、あるいは組織	・直接利害関係者 ・受益者 ・ユーザー ・エージェント ・公的機関 ・関心者
価値	コストに対する便益。便益とは、ステークホルダーにとって重要である、効用がある、もしくは自らが価値を生むために必要なもの	・法律や規則 ・金銭的価値 ・製品やサービス ・その他

いう便益をユーザーに与えているのはあくまでも通販業者だ。ただし、希望した時間帯に配達を行ったり、再配達の受付や配送状況追跡などをウェブで展開したりといったサービスが顧客にとって重要な「非機能要求」となる場合、配達会社は明らかに重要なステークホルダーとなる。

もう少し複雑な例を挙げてみよう。SVNを用いて第1章で紹介した海事産業におけるステークホルダーの関係を描くと図10のようになる。[※10] このように可視化することで、造船会社が直接関係するステークホルダーは何で、どういう価値を交換しているのか、船級協会が業界全体のなかでどのポジショ

図10　大規模なSVNの例。海事産業におけるステークホルダーの関係を描くとこのように複雑になる

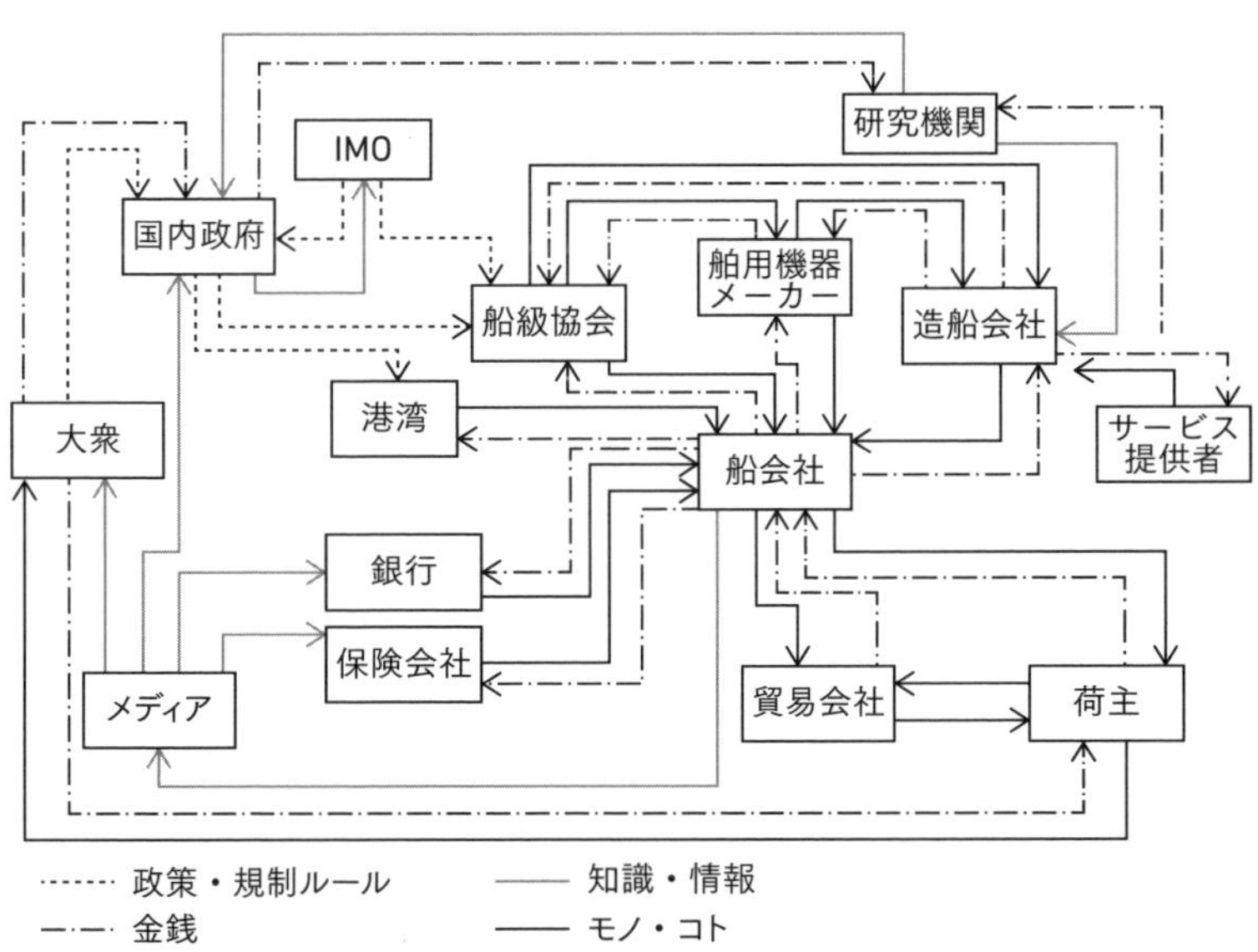

ンにいるかといったことが整理できる。

このようにステークホルダーがそれぞれ何を得て、何を支払っているかを整理しておくことで、自社がどのような行動を取るべきかを判断することができるだけではなく、経済や政治情勢の変化などで他のステークホルダーに何か大きなトラブルが起きた場合、どのように対応するかをあらかじめ考えておくことができる。

機能要求と非機能要求の具体的な違い

ＳＶＮでステークホルダー間の関係が整理できたら、次のステップは要求分析の実行である。要求分析では、価値および価値の提供者、受益者、価値の流れを選択し、受益者の要求を「機能要求」と「非機能要求」に区別して記述していく（図11）。

機能要求とは、ステークホルダーが持っている「処理対象の属性を望ましい状態に変更したいという不可分な要求」を表している。

ステークホルダーの関係図で出ていた「価値」はこの機能要求と密接に関係している。ステークホルダーのあいだを結んでいる価値とはコストに対する「便益」で、ステークホルダーは機能要求が達成されることで便益を得ることになる。

タクシーの場合、乗客は出発地点から目的地に移動することを求めている。そのため、この要求を機能要求として、「乗客（処理対象）の位置（属性）を出発地から目的地に変更する」と表記できる。

ここで「処理対象」という言葉が出てきたが、これは「オペランド（操作対象）」とも呼ばれ、ステークホルダーの便益を示す変数を属性として持っている対象物を表している。一方の「属性」はアトリビュートとも呼ばれ、処理対象の状態を表す変数の名前などに相当する。

機能要求はプロセス、オペランド、オペランドの属性の形で表記することができる。プロセスは一般的に「変換する」「移動する」「管理する」などの動詞が使われる（図12）。一方、オペランドはプロセスが変更を加える対象なので、何らかの値や状態などを持った

図11 要求分析における基本用語とその定義

基本用語	定義
着目する価値	意思決定において着目する価値の流れ。ステークホルダー分析において作成されたSVNから１つ選んで定義する
受益者	意思決定において利益を受ける人、または組織。着目する価値として選択した矢印が差すステークホルダーのこと
機能要求	システムが必ず達成しなければならない必要最小限の要求。システムの第一の目的、プロセス、オペランド、オペランドの属性で定義される
非機能要求	システムの性能に対する要求。機能要求の属性として定義できる
プロセス	機能要求を表す動詞
オペランド	プロセスが変化、変更を加える対象。名詞
オペランドの属性	オペランドが持つ属性で、プロセスの影響を受けるもの。名詞

名詞、つまり、「〜される○○」の「○○」にあたる。そしてその値や状態などがオペランドの属性となる。

元々の要求が複雑で、短期目標と長期目標があるような場合は、機能要求を複数の方法で書くこともできる。例えば、「AさんはBさんの様子を知りたいので、Bさんを訪問する」という場合。その機能要求は、

「Aさん（処理対象）のBさんについての情報（属性）の増加」

「Aさん（処理対象）の位置（属性）の変更」

のどちらにもなり得る。情報を得たいことが重要（機能要求）で、直接会えたほうがより良いという程度（非機能要求）であれば、情報の増加が機能要求となるが、会うことが必須という場合は位置の変更が機能要求となる。

図12　プロセスの種類とその処理内容（『エンジニアリングシステムズ：複雑な技術社会において人間のニーズを満たす』（慶應義塾大学出版会, 2014）を参考に作成）

プロセスの種類	処理の内容	代表的な手段
変換する（Transform）	処理対象の属性を変更する	エンジン、病院
移動する（Transport）	処理対象の属性（位置）を変更する	車、電力グリッド
保管する（Store）	処理対象を維持する	倉庫、住宅、HDD
交換する（Exchange）	２つの処理対象を交換する	市場
管理する（Control）	処理対象の属性を制約する	政府、業界団体

一方の非機能要求については、図13に示すように、機能要求が達成される際に付帯する属性に対する要求となる。タクシーの例では、「位置という属性を変更」という機能要求を達成する際、乗客は「即時性という属性」「経済効率性という属性」「快適性という属性」などに対してある水準を非機能要求として要求している。非機能要求は通常5つ以下、多くとも10程度で表すことが多い(図14)。

機能要求が満たされていれば、非機能要求を上げることでステークホルダーが受け取る価値は大きくなる。反対に、機能要求が満たされないならば、いくら非機能要求を高めても意味がない。タクシーが目的地に着かない場合、シートがいくら心地よくても乗客の要求は達成されないのは明らかだ。このことからもわかるように、非機能要求

図13　機能要求と非機能要求の違いの例

要求のオーナーと（現行の）提供者	機能要求			非機能要求
	処理対象	属性	望ましい変更	
交通機関の乗客／交通機関	乗客	位置	目的地に変更	安いこと、速いこと、快適であること
医療機関の患者／医療機関	患者	健康状態	改善	確実であること、安全であること
業務系情報システムのユーザー／情報システム企業	対象業務	状態	未完了から完了	確実であること、効率的であること

図14　非機能要求の例（『エンジニアリングシステムズ：複雑な技術社会において人間のニーズを満たす』（慶應義塾大学出版会, 2014）を参考に作成）

非機能要求	説明（定義の例）
クオリティ	モノ・コトの質
信頼性	一定の条件下で要求された水準に抑えられている状態の度合い
安全性	安全（リスクが許容可能な水準に抑えられている状態）の度合い
柔軟性	状況に応じて変化する能力、その容易さ
堅牢性	状況に応じて、初期の構成を変えることなく耐える能力
耐久性	設計された耐用年数のあいだ、通常の操作中に発生した問題に対してメンテナンスや修理を必要とせずに解決する能力
拡張性	仕事量やユーザー数の増大に適応できる能力。変更を加えずにさまざまな規模に対応できる、もしくは容易に対応できるなど
ユーザビリティ	使用性。モノ・コトの使いやすさ
相互運用性	インタフェースが明確であり、他のモノ・コトとの連携が容易であること、その容易さ
持続性	一定の性能を継続する能力
保守性	保守・管理の容易さ
テスト容易性	テスト実行の容易さ
モジュラリティ	システムの構成を分離・組み合わせる能力。一般的に、柔軟性を向上させる、さまざまなユースケースに対応するための能力
レジリエンス（弾力性）	さまざまな環境・変化に適応し、回復する能力
拡張可能性	仕事量やユーザー数の増大に応じて性能や校正を拡張することができる能力
アジリティ	システムが変化に対して素早く対応する能力。素早さ
製造可能性	製造のしやすさ。最大の信頼性を最低限のコストで達成する際の容易さ
修復性	システムが損傷を負った場合に、一定期間内に許容される動作状態まで復元できる能力
発展性	将来発展・進化していく可能性

は機能要求が満たされない限り、価値や便益とは無関係なものとなる。

これまでの例で説明したように、要求分析は次の手順で実施する。

1　SVNから価値の流れを一つ選択する。
2　受益者と価値の提供者を明示する。
3　機能要求をオペランド（操作対象）、オペランドの属性、プロセスの形で記述する。
4　3で定義したプロセスの属性として非機能要求を記述する。

この手順に沿ってステークホルダーの要求を整理するだけでも、「顧客が真に求めているものは何か」が明らかになり、業務に活用していくこともできる。しかし、より効果的な業務改善を目指す場合にはさらに深いレベル、すなわちステークホルダーの要求を把握したうえで、要求を満たす機能をどう創発させるかが重要になる。

次章以降では、より詳細な設計手法について見ていくことにする。その具体的な手順は、設計対象が何かによって異なってくる。第3章以降の流れは図15に示す通り。この流れはクロウリーらが提案しているシステム設計の方法論を参考にしている。[※11] 第3章から第4章

図15　第3章からの流れ

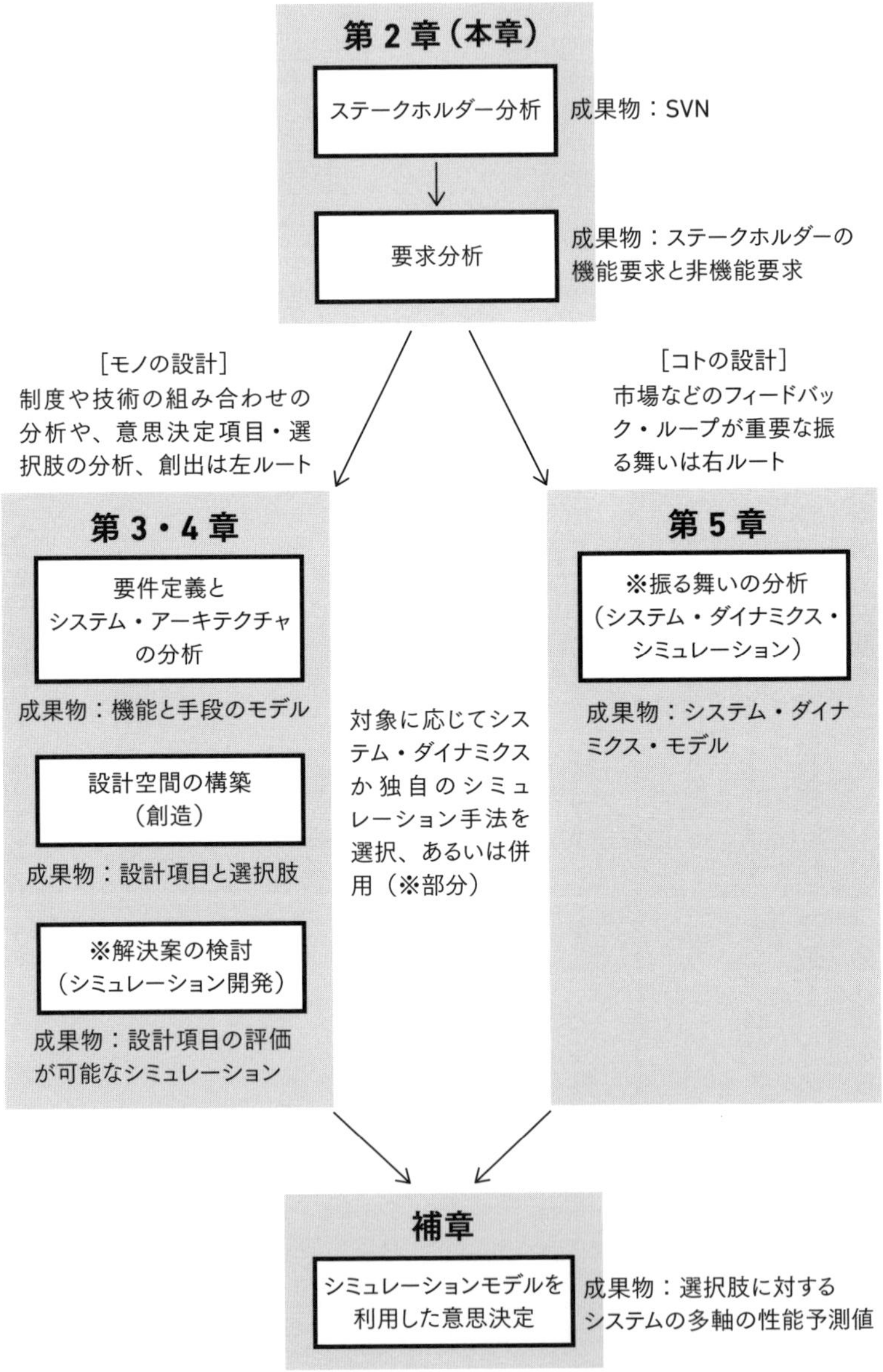
第2章（本章）
ステークホルダー分析
成果物：SVN
要求分析
成果物：ステークホルダーの機能要求と非機能要求
[モノの設計]
制度や技術の組み合わせの分析や、意思決定項目・選択肢の分析、創出は左ルート
[コトの設計]
市場などのフィードバック・ループが重要な振る舞いは右ルート
第3・4章
要件定義とシステム・アーキテクチャの分析
成果物：機能と手段のモデル
設計空間の構築（創造）
成果物：設計項目と選択肢
※解決案の検討（シミュレーション開発）
成果物：設計項目の評価が可能なシミュレーション
対象に応じてシステム・ダイナミクスか独自のシミュレーション手法を選択、あるいは併用（※部分）
第5章
※振る舞いの分析（システム・ダイナミクス・シミュレーション）
成果物：システム・ダイナミクス・モデル
補章
シミュレーションモデルを利用した意思決定
成果物：選択肢に対するシステムの多軸の性能予測値

の流れでは要求分析をもとにした商品開発など「モノ」の設計手法について見ていく。

もし、目的が「モノ」の設計ではなく、すでに要求分析が終わっているサービスや戦略の検討など「コト」の設計ならば第5章のシステム・ダイナミクスに移ってよい。急ぐ読者は第5章を読んでから、第3章と第4章に進んでもよいだろう。

注釈

※1　T・レビット著『マーケティング発想法』（ダイヤモンド社、1971年）

※2　NEWSポストセブン、平成の事件簿　BSE問題で吉野家とすき家の明暗が分かれた日
https://www.news-postseven.com/archives/20190222_872020.html

※3　富士フイルムではコア技術を「商品差別化の源泉となる競争優位性があり、新たな価値を共に創る、『共創』の核となり得る技術」と定義している。
富士フイルム、基盤技術とコア技術
https://www.fujifilmholdings.com/ja/rd/technology/detail/index.html

※4　日経クロステック、「事業転換」成功の秘訣　富士フイルムCTO
https://tech.nikkeibp.co.jp/dm/atcl/column/15/092100068/110700012/

※5　日本経済新聞、「事業大転換」成功に必要なもの　富士フイルムCTO
https://www.nikkei.com/article/DGXMZO20507790Z20C17A8000000/

※6　日本経済新聞、原料危機に挑む花王 コア技術、深化の30年
https://www.nikkei.com/article/DGKKZO44443360V00C19A5EA3000/

※7　日本経済新聞、コダックが陥ったワナ
https://www.nikkei.com/article/DGXNASFK2500C_V21C12A2000000/

※8　ピーター・ウェイル、ステファニー・L・ウォーナー著『デジタル・ビジネスモデル 次世代企業になるための6つの問い』（日本経済新聞出版社、2018年）にてBBVAの取り組みを詳細に分析している。

※9　ジョン・D・スターマン著『システム思考』（東洋経済新報社、2009年）に詳しいストーリーが掲載されている。

※10 海事産業ステークホルダーバリューネットワーク

B G. Cameron, E F. Crawley, G Loureiro, E S. Rebentisch: Value flow mapping: Using networks to inform stakeholder analysis, Acta Astronautica, Vol. 62′ pp. 324-333, 2008.

Pentti Kujala, Liangliang Lu, Marine Design XIII, Volume 2: Proceedings of the 13th International Marine Design Conference (IMDC 2018), June 10-14, 2018, Helsink, Finland

チームワークによるモデルベース意思決定に関する研究、東京大学博士論文、和中真之介

海事産業におけるＩｏＴ 技術導入の意思決定支援に関する研究、日本船舶海洋工学会論文集 第25号２０１７年６月、稗方和夫他

※11 Crawley, E., Cameron, B., and Selva, D., System Architecture: Strategy and Product Development for Complex Systems, Pearson, 2016.　日本語版として『システム・アーキテクチャ（仮）』（丸善出版）が２０１９年中に刊行予定。

第3章

システムをより深く理解する

機能分解と設計項目のモデル化

本章のポイント

- 「機能要求」を実現するために必要なこと
- 機能を分解して「設計項目」を選定する
- 設計項目の「選択肢」を解決策につなげるには
- 機能要求分析とシステム・アーキテクチャ分析

機能要求を書式化してシステム設計を行う

要求を実現するための「機能」と「手段」を検討する

第2章では、ユーザー（顧客）をはじめとするステークホルダー（利害関係者）が真に求める「機能要求」についての検討を行った。しかし、業務改善を行ったり、新規システムを設計したりする場合には、その機能要求を単に整理するだけではなく、どうやって実現するか、気になる他の条件はどうなのか、という具体的な方法を検討しなければいけない。

「要求」には、実現するための具体的な方法は含まれていない。この要求に実現方法、すなわち手段を加えたものを「システムの要件」と呼び、ステークホルダー・バリュー・ネットワーク（SVN）の矢印の多くは要件として説明することができる。本章では、ユーザーの要求を分析することで要件を定義する手法について、詳しく見ていく（図1）。

このシステムの要件は、「機能」＋「手段」＋「非機能要求の達成水準」という形で記述できる。最初に行うのは「機能」と「手段」をきちんと整理することだ。機能（ファンクション）はシステムの挙動であり、動詞形で表記する。一方、手段（フォーム）は実在するシステムそのもので、名詞形で表記する。例えば、「機能要求」が「食べ物の腐敗速度を下げたい」あるいは「食べ物の鮮度を高い状態で保ちたい」などの場合、要件の「機能」は「食べ物を冷やす」（動詞）で、「手段」は「冷蔵庫」（名詞）となる（図2）。機能は「プロセス」と「処理対象」に分けて記述することも可能で、この場合は「食べ物」（処理対象）を「冷やす」（プロセス）という形で表記できる。

通常、すでに動いているシステムを分析する場合、「手段」は明確である。新規のシステム設計を行う場合には、「手段」はもっともアイディアが求められる部分である。また、業務の改善を考える

図1　第2章から第3章（本書）への流れ。ユーザー（顧客）を含むステークホルダー（利害関係者）の要求に基づいて、要件定義とシステム・アーキテクチャの分析を行う

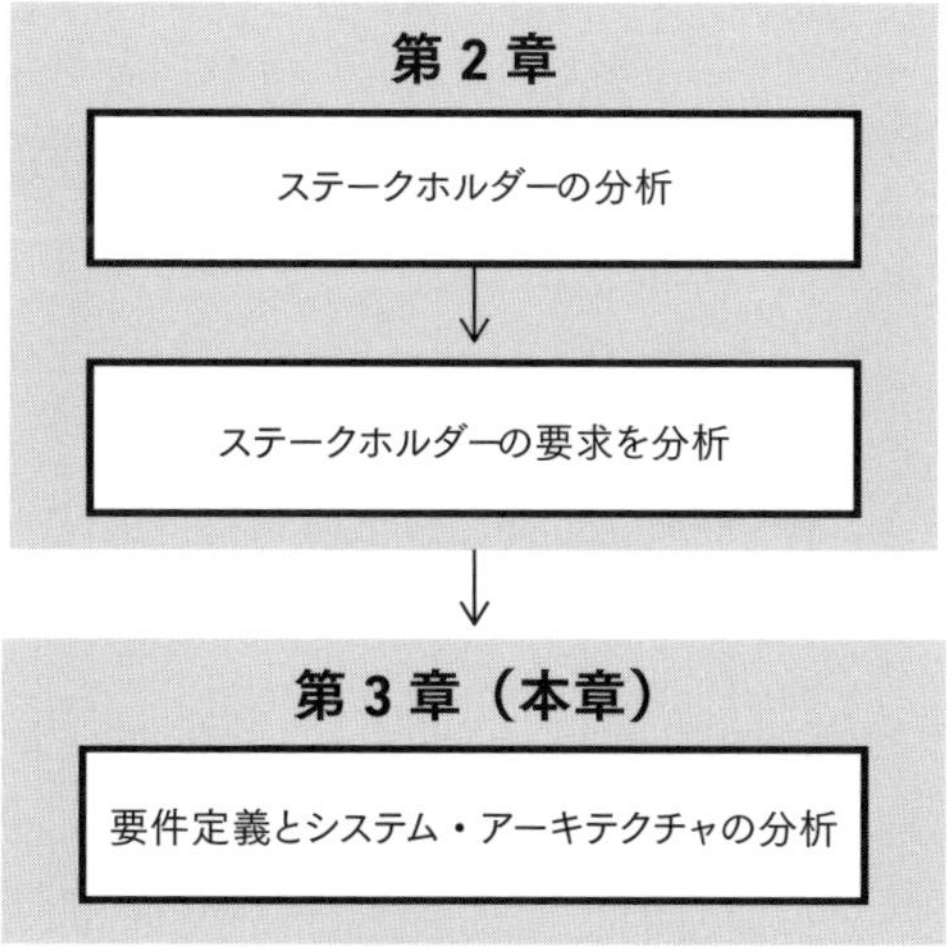

場合では、「手段」は真っ先に代替案を考えるべきポイントとなる。例えば、食べ物を冷やすという機能に対して、「冷蔵庫」という手段を結びつける代わりに、「氷の山」という手段を結びつけるといった考え方である。

この「機能」と「手段」の関連付けを「コンセプト」と呼び、どういうコンセプトを選ぶかによって、機能要求に対応するためのコスト対性能の特性、言い換えればシステムの性能（以下、性能要求）も決まってくる。例えば、コンセプトAは低コストでも中程度の便益があるが、コストをいくら追加しても性能は伸びない。これに対し、コンセプトBは低いコストでは得られる便益が少ない半面、大きなコストをかければ非常に高い性能が得られるといった具合だ（図3）。

具体的に考えてみよう。物を運搬する際に、「手作業で運ぶ」というコンセプトと「自動車など機械を使って運ぶ」というコンセプトを比べたとする。低いコストで

図2　システムの要件

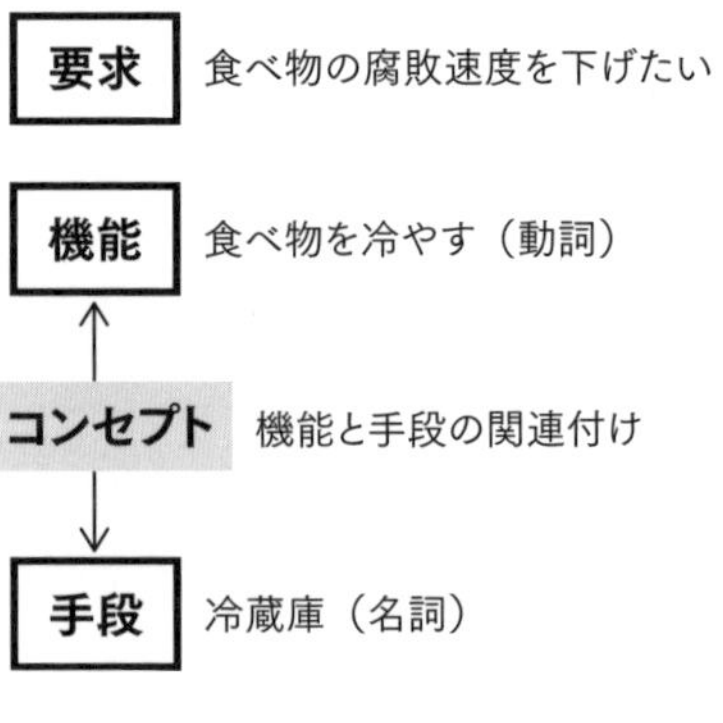

は手作業が有利だが、ある程度以上のコストをかけても便益は頭打ちになる。一方、低コストでは便益が得られなかった自動車は、一定以上のコストをかけると飛躍的に大きな便益が得られるようになる。このようにコストと便益の挙動は、コンセプトに大きく影響を受けるわけだ。

　要件定義を行う際には、「機能」「手段」に合わせて「非機能要求の達成水準」の検討、すなわち顧客がシステムに期待する性能の検討も行われる。これは要求分析における「性能要求」に対応するもので、第2章で紹介したタクシーによる移動（タクシーサービス）の例では、目的地に着くことを前提としたうえで「車内の騒音レベルは何デシベル以下」、冷蔵庫の例では食品が

図3　機能と手段を関連付けるコンセプトにより特性が変わる

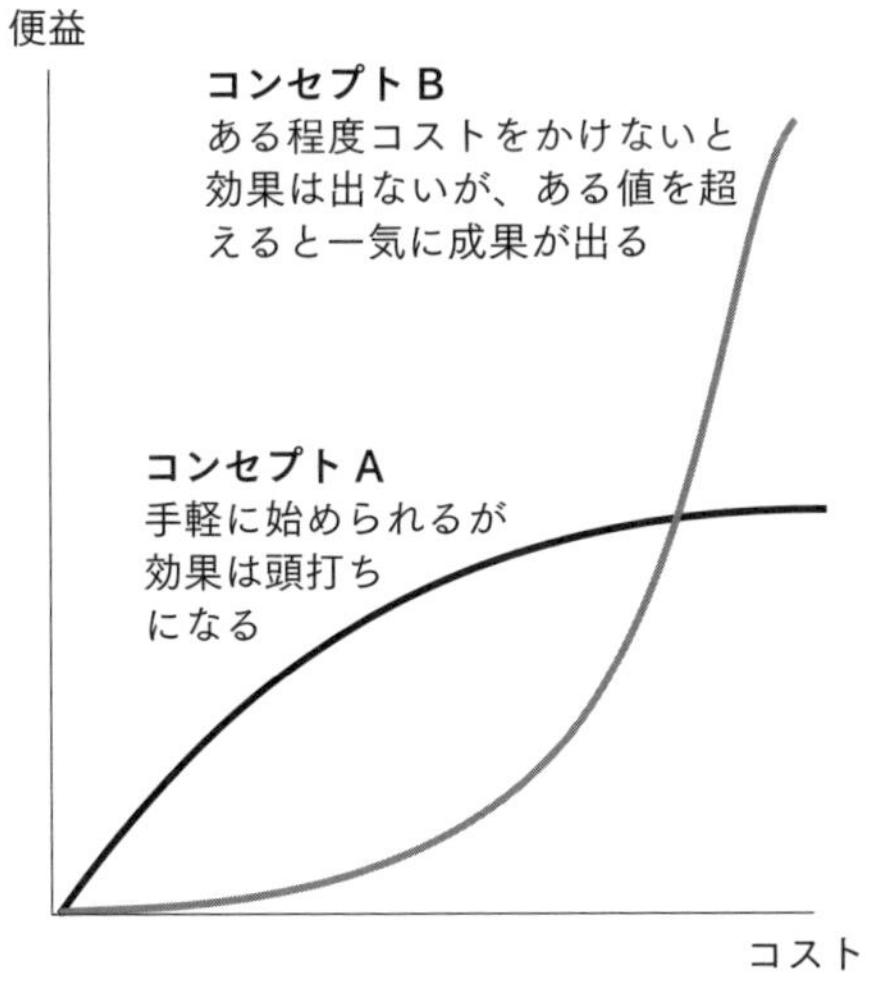

冷えることを前提としたうえで「冷気保持のエネルギー効率は何％以上」など、ユーザーの求める非機能要求に対し、どこまで達成すべきか、といったレベルを定めたものになる。

ここで注意すべきなのは、非機能要求は通常、コストをかければどんどん向上していくため、コストを非機能要求の水準には入れないという点だ。冷蔵庫の例では「省エネやエネルギー効率」「冷蔵庫の大きさ」などは達成すべき非機能要求の水準となるが、「冷蔵庫の購入価格などコストそのもの」は非機能要求の水準とはならない。

一例として、「食べ物が腐らないようにしたい」というユーザーの要望に対して要件定義を行った結果は、図4に示す形に整理することができる。

また、SVNからここまでの一連の流れは図5のようにまとめることができる。上図は一般形、下図はこれを食品の鮮度維持に適用した具体例である。

図4　非機能要求の達成水準の検討例

処理対象	プロセス	手段	非機能要求の水準と主要な手段
食べ物	温度を下げる	冷蔵庫	エネルギー効率何％以上 （冷気漏れ防止システム）

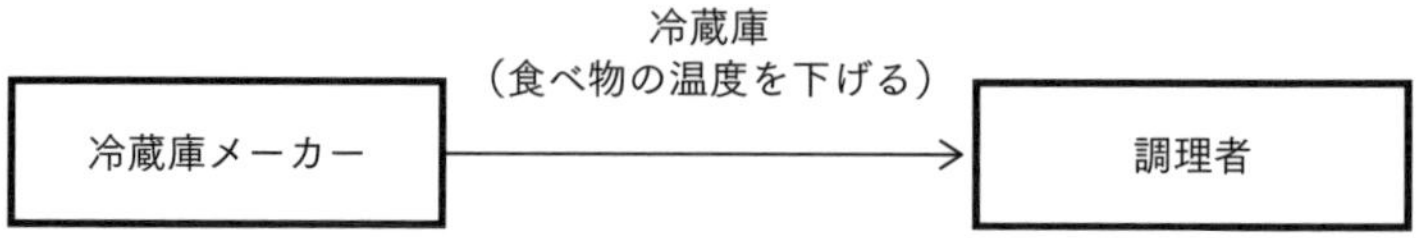

図5　SVNから要求分析、要件分析にいたる流れ

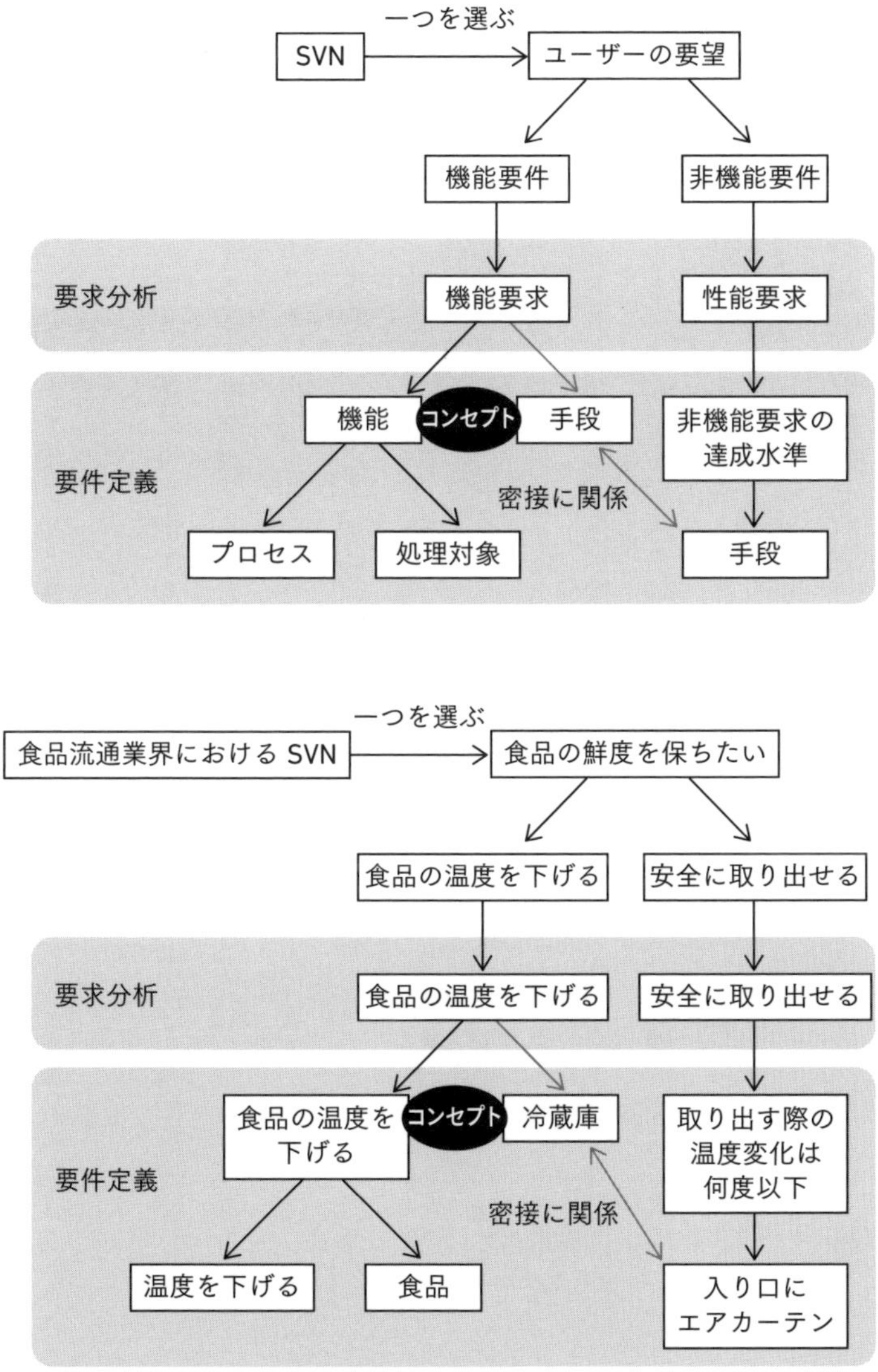

機能を分解して設計項目を選定する

要件定義によって明らかにされた機能は、細かく分解することによって詳細に検討することが可能になる。

ユーザーの要求をそのまま一気に製品化することは難しい。まず、求める機能を分解し、それぞれに対して実現する手段を検討することから始めなければいけない。そして、得られた解法を組み合わせることによって初めて「モノ」ができ上がることになる。

求める機能の分解は基本的に、「全体－部分」の関係で行う。その際、モノをパーツに分けていく方法や、処理を時系列で分解する方法が用いられる。パーツに分ける方法は、冷蔵庫の例であれば、冷蔵庫をドア、圧縮機（コンプレッサー）、冷媒、トレイ、ランプといった部品に分けていく。一方、時系列による分解では、冷蔵庫の利用シーンに着目し、取り出す食べ物を決める、ドアを開ける、食べ物を取る、食べ物をしまう、ドアを閉める、といった手順に分けていく。図6に冷蔵庫の機能を分解した例を示す。この例では、処理対象となるパーツで分解している。このように機能と手段をプロセスに基づいて分解することを、「システム・アーキテクチャの分析」という。

機能を分解すると、分解された機能それぞれに手段を考えることができる。例えば「冷蔵庫」という手段が持っている機能として「冷媒を圧縮する」や「ドアを開閉する」などに分解した場合、「冷媒を圧縮する手段」や「ドアを開閉する手段」を考えなければいけない。すなわち、分解した数だけコンセプトが発生することになる。

　システムの設計や改良は、分解した機能とコンセプト単位で行うことになる。冷蔵庫を改良する例では、「開閉する機能を向上させるにはどうするか」あるいは「ドアそのものの代替案はないか」などだ。場合によっては「ドア」をさらに分解し、それぞれについてコンセプトを改良していくことになる。

　一見すると回りくどいようにも思えるが、全体像を見通すことが難しい複雑なシステムの場合、きちんと個々の機能を分解し、整理することにより、見落としを防ぐと同時に、ミスなく作業の分担を行うことが可能となる。

　詳細な分解から得られる設計項目は膨大になるため、ある程度の絞り込みを行う必要があり、そのうえで選

図6　冷蔵庫の機能を分解した例（システム・アーキテクチャの分析）

機能		手段	分解→ システムのアーキテクチャ		
処理対象	プロセス	手段	処理対象	プロセス	手段
食べ物	温度を下げる	冷蔵庫	冷媒	圧縮する	圧縮機
			空気	冷却する	冷媒
			ドア	開閉する	ドアノブ
			空気	密閉する	冷気漏れ防止システム

図7　分解した機能とコンセプト

コンセプト　　コンセプト

機能		手段	機能		手段
処理対象	プロセス	手段	処理対象	プロセス	手段
食べ物	冷却する	冷蔵庫	空気	冷却する	圧縮機
空気	密閉する	ドア機構	空気	密閉する	ドア本体
			ドア	開閉する	ドアノブ

カーテンでも
可能？

図8　機能分解に基づいた改良案の例

設計項目	選択肢1	選択肢2	選択肢3	選択肢4
冷却機能	圧縮機	ペルチェ		
庫内の密閉	ドア	カーテン	空気流	小分けトレイ
開閉支援	ドアノブ	自動		

択肢を挙げて解決策を検討する（図7、図8）。通常、「他の設計項目に手戻り等の影響を与えるもの」「ステークホルダーの要求の達成水準に大きな影響を与えるもの」を優先し、それぞれの解決案についてシミュレーション等で性能予測を行うことになる。

こうして得られた結果がユーザーの要求に適合していれば、実際にシステムを構築したり、製品を作ったりという製造プロセスに進むことになる。一方、水準に達していないと判断された場合は、再度ユーザーの要求を分析するところから検討し直さなければならない。シミュレーションが必要な理由は、想定することが困難な創発のマネジメントのためである。この具体例については、第4章で紹介する。

要件定義とシステム・アーキテクチャ分析の方法

盲導犬には何が求められているのか

実際に機能要件の検討を行った例として、盲導犬の役割について考えてみよう（図9）。

一般社会での認知が進んでいるとはいえ、国内の盲導犬実稼働数はわずか1000頭弱

（2016年度の盲導犬実働稼働数は951頭。公益財団法人日本盲導犬協会の資料による）。視覚障害者数がおよそ164万人（2009年の公益社団法人日本眼科医会の発表。見えにくい人も含まれる）ともいわれていることを考えると、普及率は高いとはいえない。盲導犬に代わる補助機能として、盲導犬ロボットを考えることはできないだろうか。それにはまず、盲導犬がいったいどういう役割を果たしているか、盲導犬を取り巻くステークホルダーを明らかにするとともに、盲導犬に対する機能要求と性能要求を明らかにするところから始めなければいけない。

図10は盲導犬をとりまくSVNである。タクシーサービスでの検討例と同じように、ここでは「盲導犬そのもの」はステークホルダ

図9　盲導犬に対する要望

図10　盲導犬に関するステークホルダーの分析結果

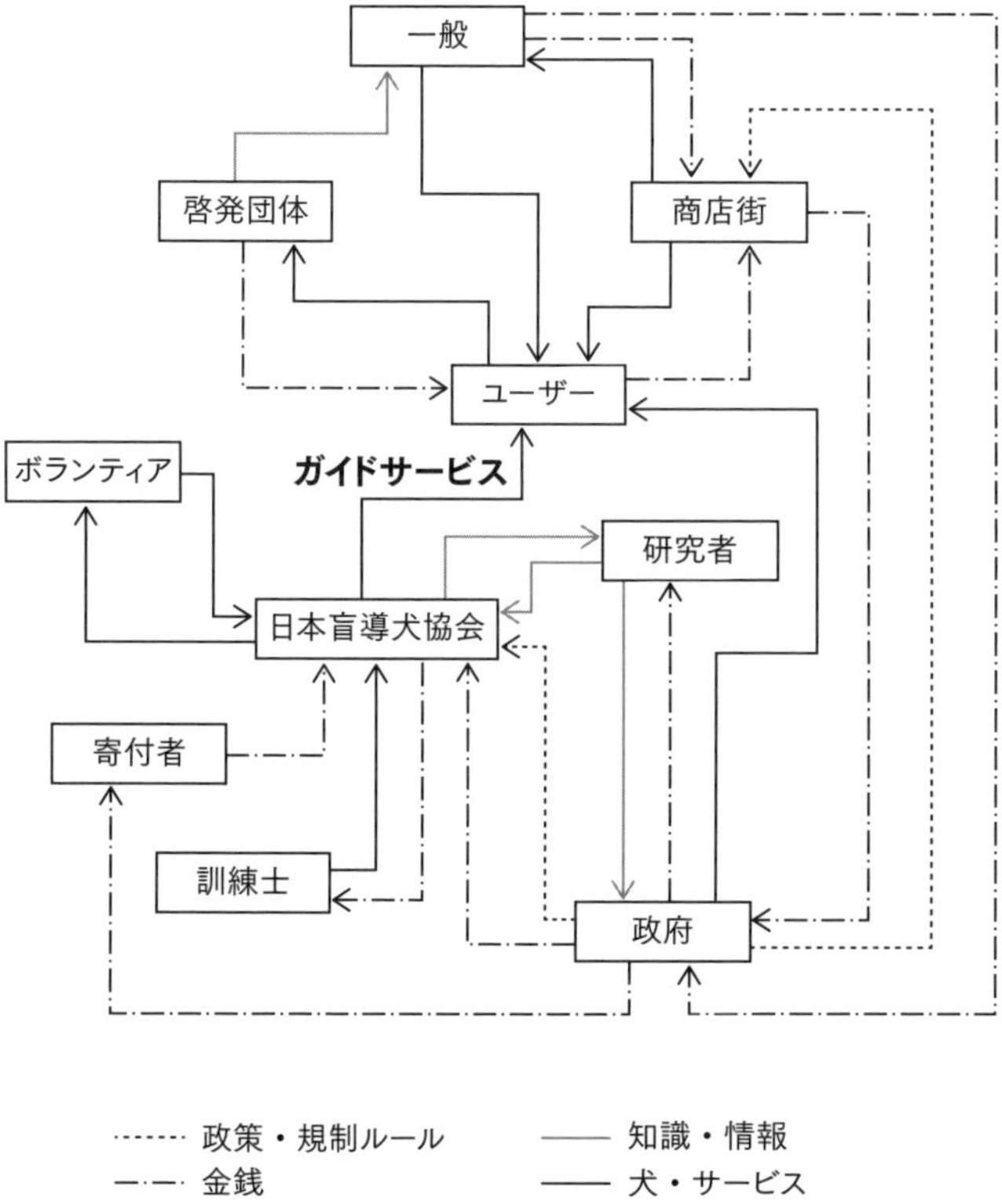

ーとして出てこない。あくまでも移動補助のサービスを提供しているのは日本盲導犬協会であるためだ。

このSVNのなかで、明らかにしなければいけない最も重要な価値の移転は、「日本盲導犬協会がユーザーに提供するガイドサービス」だ。このガイドサービスにおける機能要求と性能要求を定義する必要がある。検討し始めた当初、このガイドサービスは移動のサポートの実現手段としての側面が大きいと考えていた。実際、日本盲導犬協会は視覚障害者へのモビリティ向上を提供しているという意識を持って活動している。※1

そこで次に、モビリティ向上の要求分析を行うことを考える。ここではモビリティ向上を「視覚障害者の移動に必要な周辺情報を増やす」「視覚障害者の社会参加意欲を向上する」の2点から分析を行うことにする。

盲導犬という移動の実現手段は、周辺を認識するレベル（コーナーがある、段差がある、障害物がある）という狭い定義であり、「ここがどこか」という定位は人間が行っている。そのうえで、「3つ目の角を右に曲がる」などのガイドは、具体的には盲導犬を通じて、「2つの角を認識」「3つ目の角を渡らずに右に進む」といった形で実現される。こうした機能が白杖の機能と比べてどのように異なるかの検討も盲導犬の機能を明らかにするうえで役立つと考えられる。

一方、視覚障害者の社会参加障壁は、制度的なものや個人の内面に起因するものなどが考えられる。盲導犬の認知が進みつつある現在、制度的な面で盲導犬がマイナスになることは少ないことから、盲導犬は個人の内面をサポートする機能を持っていると考えられる。

ユーザーが盲導犬に求めるのは何か。これは、日本盲導犬協会が発行する会誌などを分析することで見えてくる。もちろん、「段差を認識する」などの基本機能が会誌に出てくることはないが、それを踏まえたうえで盲導犬に求めるプラスアルファの機能が、果たして機能要求なのか、性能要求なのかを判断しなければいけない。

図11は実際のユーザーレポートをテキスト分析したものである。この図から見えてくるのが、個人の内面のサポート機能によって「外出意欲が高

図11　ユーザーのレポートのテキストの分析結果（提供：日本盲導犬協会）

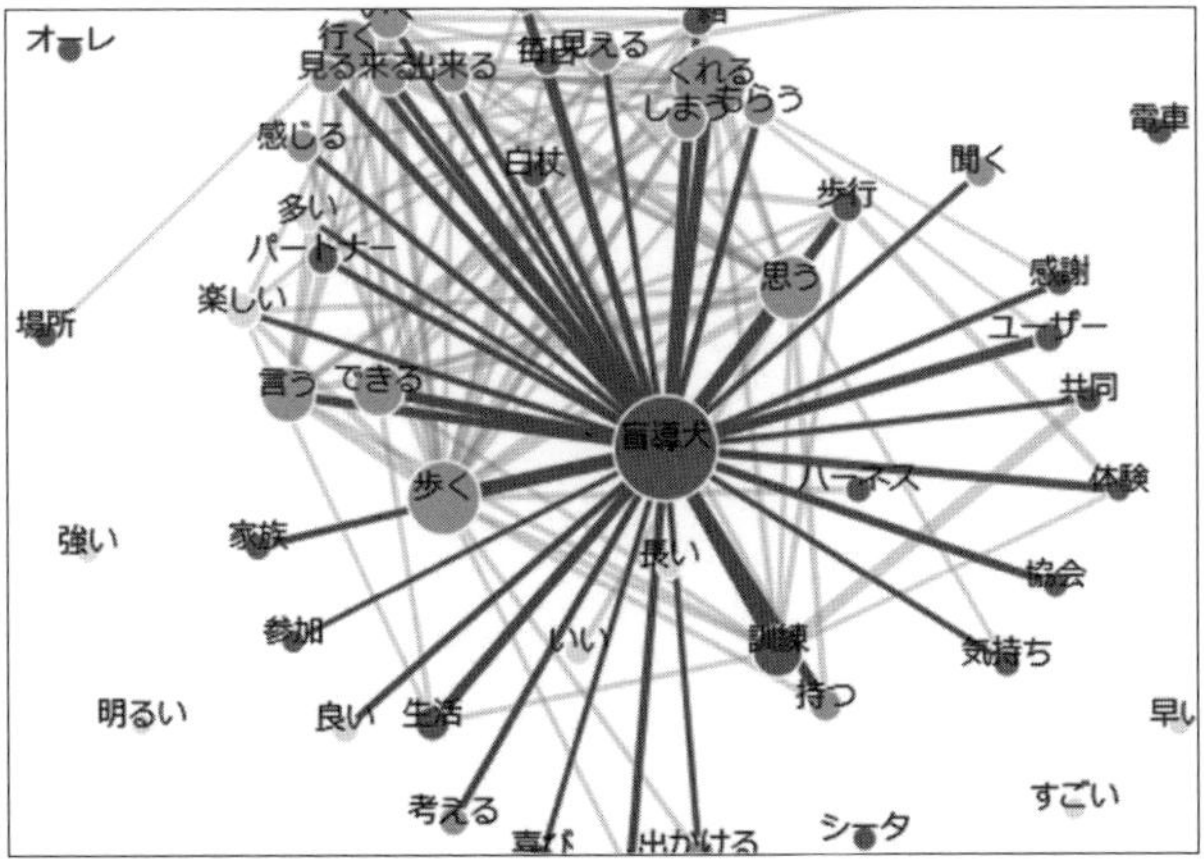

図中にある「シータ」「オーレ」は盲導犬の名前

められた人」は限定的とはいえ確実にいるということだ。犬との共同生活の効用は外出時に限らず、生活意欲そのものを高める効果がある。盲導犬クイールの育て親として有名な訓練士、多和田悟氏はインタビューにて、「一番大事なのは『そこにいる』ということ。目が見えない人が手を伸ばしたときにすぐそこにいるのが盲導犬。これは盲導犬でないとできない仕事です」と語っている。[※2] 他にも外出時に周囲の人に介助を頼む際、白杖を使っているときにはなかなか声をかけられなかったのが盲導犬と一緒だと声をかけられたという事例もある。こうした分析を行うことで、盲導犬における「かわいい」は、簡単に性能要求として片付けるわけにはいかないという事情も見えてくる。

その一方で、愛玩用ロボット犬やスマートスピーカーなどが高齢者の話し相手になっているという事例もある。「生活のパートナーに何が要求されるか」という視点での機能要求分析は、より緻密に行っていく必要がある。

NASAのシステム・デザイン・プロセス

本書で紹介しているシステム設計のプロセスは、前述のクロウリーらの書籍と米航空宇宙局（NASA）から発行されている、『NASA Systems Engineering Handbook』などを参考にしている。※3

NASAにおけるシステム設計では、その過程を「ステークホルダーの要求を定義するプロセス」「技術要件を定義するプロセス」「ロジックの分解を行うプロセス」「設計ソリューションの定義プロセス」の四つに分けたうえで（図12）、重要なポイントを次のように挙げている。

・ミッションの目的と運用の概念を正しく理解し定義することは、ステークホルダーの期待を捉えるためのカギとなる。これは、プロジェクトのライフサイクル全体にわたる品質要件と運用効率につなが

図12　NASAによるシステム分析の流れ

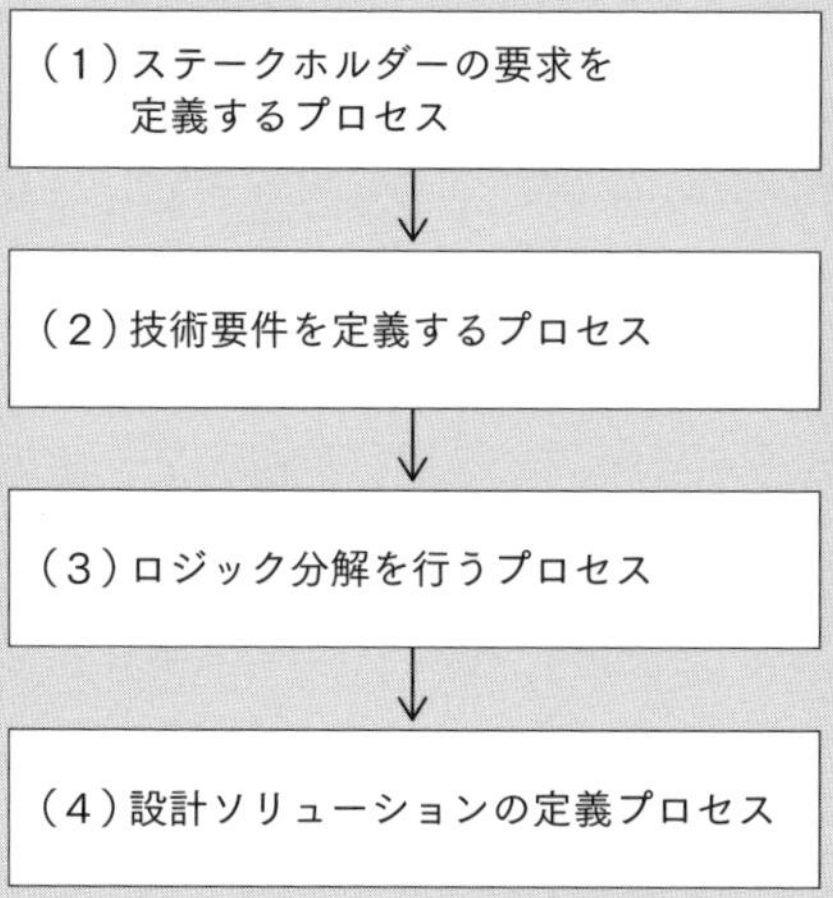

る。

・完全で徹底的な要件のトレーサビリティは、要件の検証を成功させるための重要な要素である。
・明確であいまいな点のない要件は、システム全体を開発するときや大きな変更または小さな変更を加えるときの誤解を避けるのに役立つ。
・元の設計コンセプトの開発中に行われたすべての決定はテクニカルデータパッケージに文書化しておく。これにより、当初の設計理念および交渉結果が、今後提案される変更および修正を評価するために利用可能になる。
・設計ソリューションの検証は、設計ソリューションがステークホルダーの期待に照らして評価される継続的で再帰的かつ反復的なプロセスである。

なお、本書のシステム設計の流れはこのＮＡＳＡにより提唱されている設計プロセスを参考にしたものである。本書のプロセスとの違いも簡単に説明しながらＮＡＳＡのプロセスを紹介しよう。

1．ステークホルダーの要求を定義するプロセス

システム設計と製品実現の基礎を確立する最初のプロセスで、ステークホルダーが誰か、そしてステークホルダーが製品をどのように使いたいか、を明確にする。通常はユースケースシナリオ（デザインリファレンスミッション＝DRMとも呼ばれる）とConOps（作戦構想）にまとめられる。なお、本書のシステム設計においてはステークホルダーの特定とその要求を明確に記述することを目指した書き方としている。

2．技術要件を定義するプロセス

ステークホルダーの要求を「……すべき」という形の技術要件に変換し、設計ソリューションを定義し、入出力関係、他のシステムとのシステムの相互作用をすべて記述する。また、要件を相互に理解するためには、関係するステークホルダーとのコミュニケーションと反復が不可欠となる。製品開発の方向が正しいことを常に確認しなければならないためだ。第2章で「要求」の記述について詳細に述べてきたが、技術要件は要求をどのような技術システムを用いて達成するのか、技術的な手段とその水準を明確にした、最上位の目標の技術的な仕様と考えている。本書やNASAの記述方法は、対象とするシステムのステークホルダー間での深く共通的な理解を進めるための基盤となる。

3．ロジック分解を行うプロセス

ロジック（論理）の分解は、ステークホルダーの要求を満たすことができる詳細な機能要件を作成するためのプロセスで、各レベルでシステムが達成すべきことを特定する。前ステップで技術要件が定義されているが、ロジックの分解では、要件定義を利用してシステム・アーキテクチャを作成し、最上位（または親）の要件を分解し、それらをプロジェクトの十分に詳細なレベルまで割り当てる。このプロセスではシステム記述言語などの利用が有効で、本章ではOPMという言語を利用したシステムの記述について後述している。

4．設計ソリューションの定義プロセス

ステークホルダーの要求とロジックの分解プロセスの結果から、上位の技術要件を解決する設計ソリューション、つまりシステムの有望な設計案を得るものである。ロジックの分解から得られるさまざまな要素についての設計選択肢を探索し、トレードオフを検討しながらより優れた選択肢を選定する。これらの個別要素についての意思決定は設計ソリューションとなり、製品の製造と製品検証の実施に使用される最終製品仕様を生成するために使用される。NASAにおいては航空宇宙分野を対象とした技術よりの設計や意思決定に適用されるが、この考え方はより広範な経営や社会の問題にも適用可能と考えられる。

システムを言語化・モデル化する

OPMを用いた詳細な記述

システムをより詳細に記述する言語（システム記述言語）の一つが、ここで説明する「OPM（Object-Process Methodology：オブジェクト・プロセス方法論）」だ。システムの記述言語には他にも、「SysML」や「UML」などがある。これらのなかでOPMは比較的単純な形式を備えていることなどから広く利用されており、以下ではOPMを使って表記する例を紹介する。

OPMはイスラエル系アメリカ人コンピュータ技術者であるドヴ・ドリー（Dov Dori）氏によって開発された言語で、オブジェクト同士の関係に加え、プロセスや属性の関係も記述できるようになっている。※4 オブジェクトや属性は長方形、プロセスは楕円形で表記し、それらの関係をリンクで結んで表記していく。OPMで用いられるリンクの一例を図13に

図13　OPMにおけるリンクの内容

名称	説明
集約と参加 （<Whole> consist of <Part>）	<Part:部分> は <Whole:全体> の一部 <タイヤ>は<車>の一部 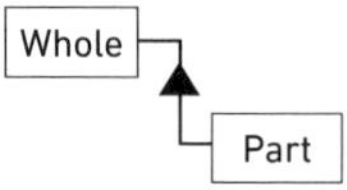
発現と特徴 （<Exhibitor> exhibits <Attribute>）	<Exhibitor:特徴を持つ対象> は <Attribute:属性>を示す <荷物オブジェクト>は<場所>を示す <移動プロセス>は<定時性>を示す 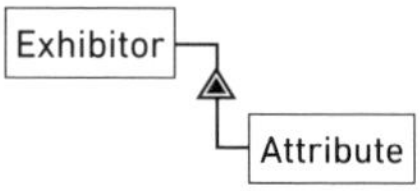
汎化と特化 （Specialization is a General）	<Specialization:特化>は<General:汎化>の特化 <スポーツカー >は<車>の特化 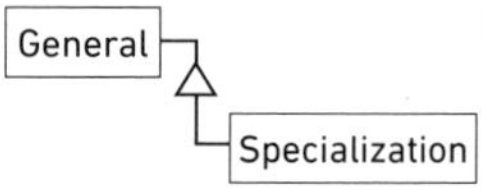
消費 （Consuming consumes consume）	<Consuming:消費プロセス>は<consume:消費材>を消費する <移動プロセス>は<燃料>を消費する 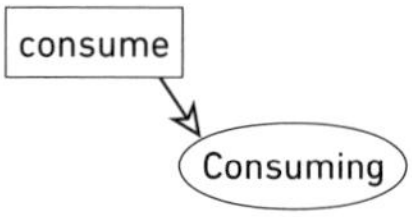
結果 （Creating yields Resultee）	<creating:生成プロセス>は<Resultee:結果として作られる対象>を産出する <移動プロセス>は<二酸化炭素>を産出する 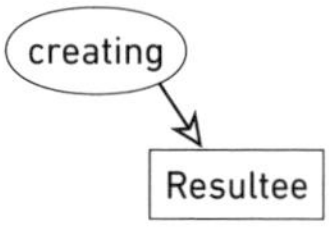
影響 （Affecting affects Affectee）	<Affecting: 影響プロセス>は<Affectee:影響を受ける対象>に影響を与える <移動プロセス>は<位置>に影響を与える 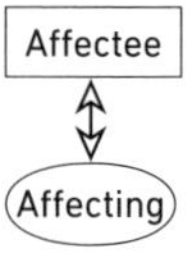
エージェント （Agent handles Processing）	<Agent: エージェント>は<Processing:プロセス>を扱う <運転手>は<アクセル操作プロセス>を扱う 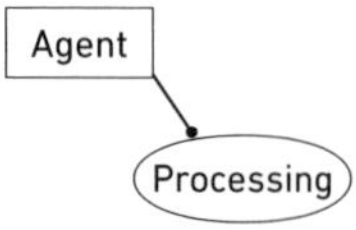
道具 （Processing requires Instrument）	<Processing:プロセス>は<Instrument:道具>を必要とする <移動プロセス>は<輸送機器>を必要とする 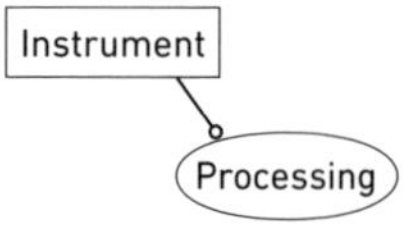

図14　OPMにより「システム・アーキテクチャを分析する」をモデル化した例

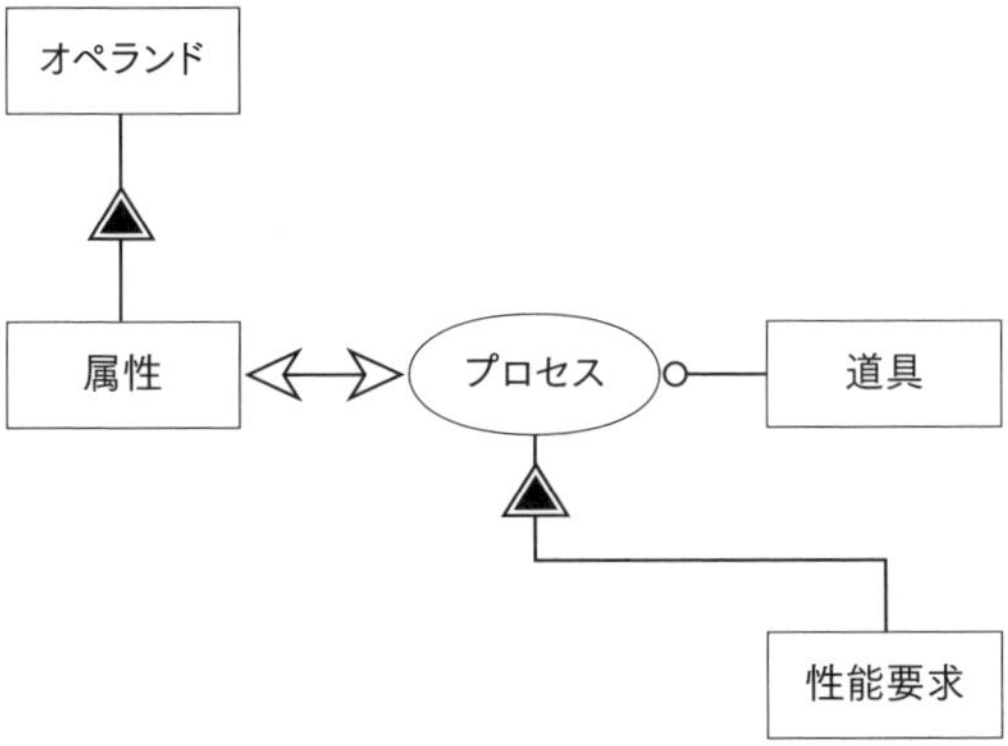

図15　OPMにより「食べ物を冷やす」をモデル化した例

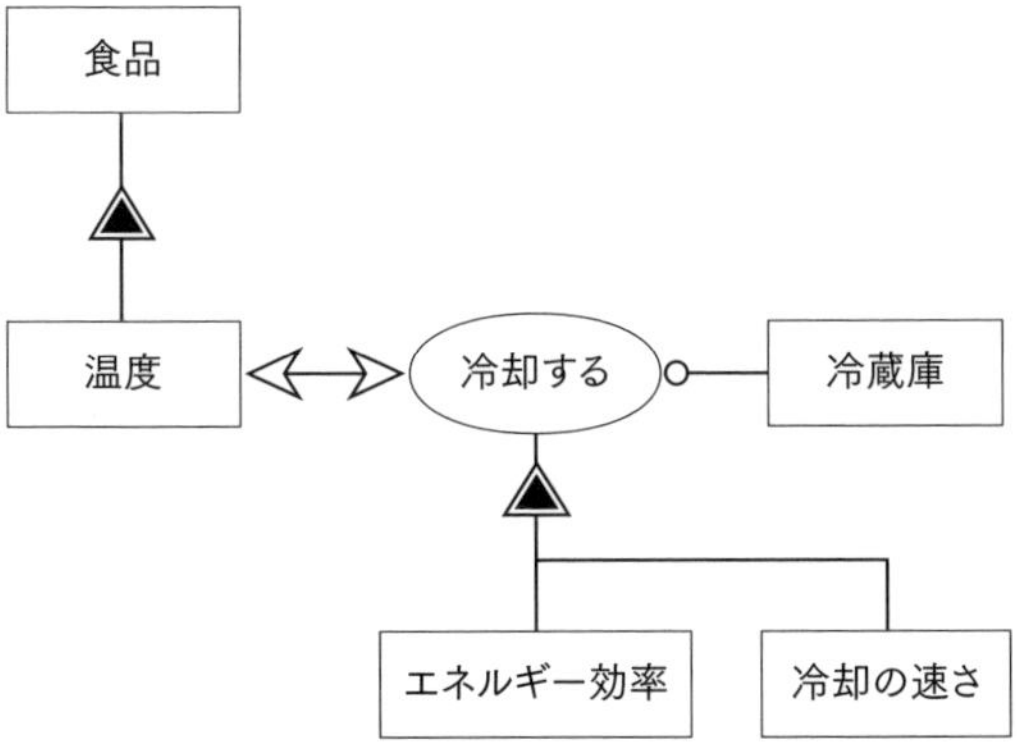

示す。

OPMではシステム・アーキテクチャを図14、図15のようにモデル化できる。まず図14を読み解くと、「オペランドは属性を持っており、その属性はプロセスに影響を受ける。そのプロセスは性能要求を属性として持っている」となる。

これを具体的な例に当てはめてみたのが図15だ。「食品」は「温度」という属性を持っていて、その属性は「冷却する」というプロセスの影響を受ける。この「冷却する」というプロセスは、エネルギー効率や冷却の速さなどの性能要求を属性として持っているといった形になる。

本章では、ステークホルダーが求める機能要求に応じて、要件をきちんと定義してシステム・アーキテクチャを分析する手法を解説した。その結果として見出した解決案に対して、シミュレーション等で性能予測を行うことになる。これについては次章で説明しよう。

注釈

※1　日本盲導犬協会、盲導犬について
https://www.moudouken.net/knowledge/
日本盲導犬協会　50周年記念誌別冊「ユーザーは語る」
https://www.moudouken.net/guidedog/users/

※2　LIFE DESIGN JOURNAL、盲導犬訓練士 多和田 悟さんインタビュー「見えない人に、私は何ができるのか。多様性を認め合う社会を目指して」
http://lifedesign.ne.jp/?p=3340

※3　NASA Systems Engineering Handbook
https://www.nasa.gov/connect/ebooks/nasa-systems-engineering-handbook

※4　Dori, D., Object Process Methodology-a Holistic Systems Paradigm, Springer, 2002
https://www.springer.com/jp/book/9783540654711

第4章

システムへの理解を「創発」につなげる

コア技術と効果的・創造的な解決策

本章のポイント

- 自社の「コア技術」を見極めるために必要なこと
- 「検討対象レベル（設計空間）」を構築する
- コア技術転用に向けた「機能要件定義」
- 「シミュレーション」で解決策（創発）を見出す

既存システムを変える発想法

第3章では、ユーザー（顧客）をはじめとするステークホルダー（利害関係者）の要求を分析することで要件を定義し、システムのアーキテクチャを分析する手法について説明した。本章では、要件定義とシステム・アーキテクチャの分析を受けてコア技術を見極め、創造につながる解決策を見出す方法について見ていく（図1）。

細分化した手段の代替案を考える

発想が行き詰まったときにアイディアをひねり出す方法として、「オズボーンのチェックリスト」がある。これはブレインストーミングの考案者として有名なアレックス・オズボーンの著書『独創力を伸ばせ』[※1]に基づいて、MITが作成したリストであり[※2]、以下の9項目で構成されている。

①「転用」　他に転用できないか（Put to other uses）
②「応用」　アイディアを持ってこれないか（Adapt）

③「変更」変更できないか（Modify）
④「拡大」大きくできないか（Magnify）
⑤「縮小」小さくできないか（Minify）
⑥「代用」他のもので代用できないか（Substitute）
⑦「置換」入れ替えることはできないか（Rearrange）
⑧「逆転」逆にできないか（Reverse）
⑨「結合」組み合わせるとどうなるか（Combine）

オズボーンのリストは、アイディアが全く出ないときの発想法として優れた問いかけといえる。しかし、こうした問いかけをするだけで、アイディアが次々と出てくるわけではない。これらの問いか

図1　第3章から第4章（本章）への流れ。要件定義とシステム・アーキテクチャの分析を受けて、検討対象レベルを見極める設計空間の構築と解決策の検討を行う

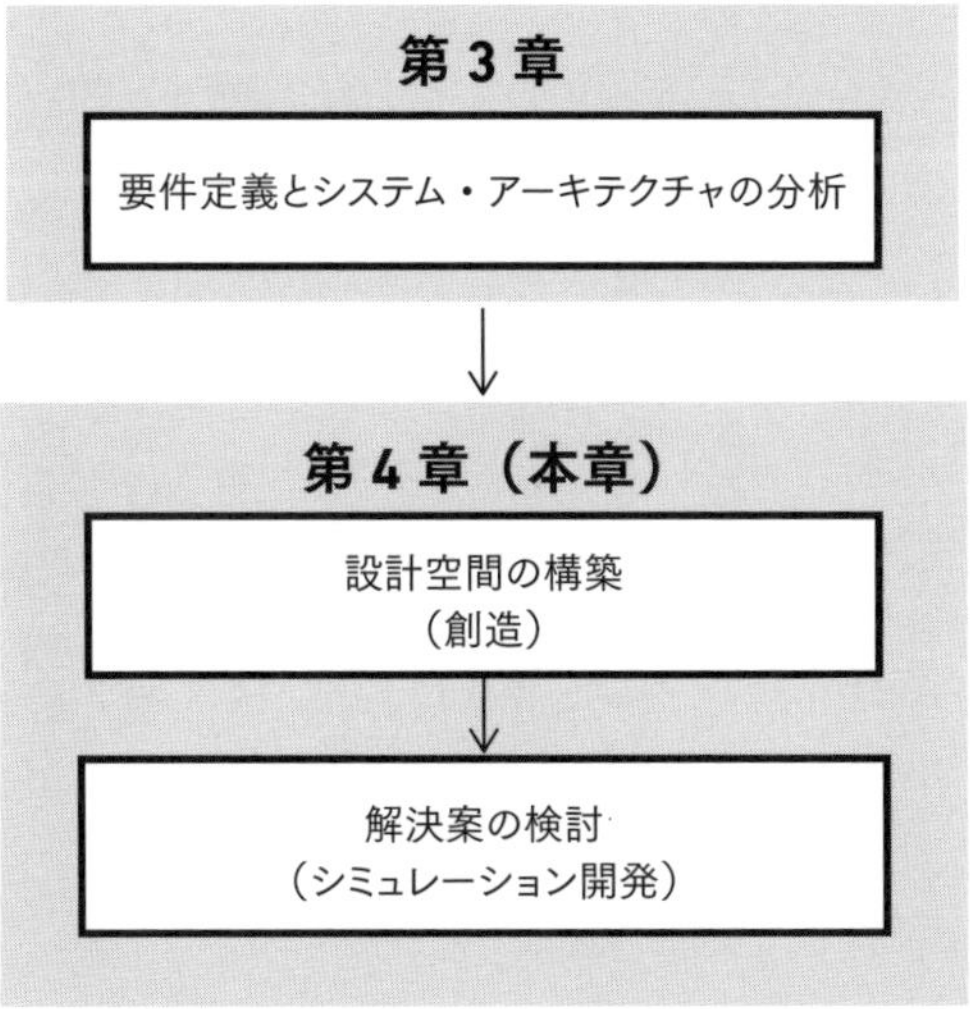

けでは、「何を転用するか」「何を大きくしてみるか」「何を逆にするのか」……における「何を」は教えてくれないからだ。

自動車を改良したいとき、いきなり「自動車を転用できないか」「自動車を逆にできないか」などと考えても、その改良にはつながらない。あくまでも自動車の構成要素や機能の何かを転用する、自動車の機能の何かを大きくするといった「何か」を見つけなければいけない。しかし、「では、タイヤを」「次に、ワイパーを」「続いて、アクセルペダルを」「さらに、給油口を」などと思いつくまま挙げていくという方法では、どうしても検討対象に漏れが出てしまう。

網羅的に、なおかつ「なぜそれを改善しなければいけないのか」「それを改善するときに外すわけにはいかないポイントは何か」を見失わないように改善点を列挙しなければいけない。それをうまく実現するために、第3章で検討した機能分解を用いる手法が有効になる。

検討対象レベルを検討・変更する

機能分解はユーザーの要望を漏れのない形でブレイクダウンしている。また、機能要求と性能要求に分けて記述することで、求められている必須条件を外さないようにしながら、性能を上げれば上げるほどユーザーの便益が上がるものは何かというポイントも押さえられる。改善案を検討しているなかで、「いったい今なぜこの話をしているのか、改善案の検討以前の話として、そもそもこれは本当に必要な機能なのか？」といった「そもそも論」が出てきたときには、機能分解の階層を1段、あるいは2段上げて検討することもできる。改善点が見えてきたときに、より具体的に検討を行うには、さらに細かく機能分解して、部分ごとの改善点を考えることもできる。

　機能分解に基づいた検討事例を見てみよう。図2は、第3章で紹介した、冷蔵庫を機能分解したものである。この図を見るとわかるように冷蔵庫は、食べ物を冷却するとともに、庫内の冷気が外部に漏れないようにする（密閉する）ことも求められている。

　空気を密閉するという機能が求められたときに、

図2　分解した機能とコンセプト

コンセプト　コンセプト

機能		手段	機能		手段
処理対象	プロセス	手段	処理対象	プロセス	手段
食べ物	冷却する	冷蔵庫	空気	冷却する	圧縮機
空気	密閉する	ドア機構	空気	密閉する	ドア本体
			ドア	開閉を支援する	ドアノブ

カーテンでも可能？

現時点で採用されている手段が「ドア」だった場合、このドアに対して何か操作ができないかを考えていくことになる。ここでドアを「カーテン」など他のものに置き換えたり、ドアを大きくしたり小さくしたり、ドアを何か別のものと組み合わせたり、冷蔵庫のドアという技術を他に転用できないか検討したりといった具合である。

同様に冷却機能についても、圧縮機を使うかペルチェ素子を使うか、庫内の密閉についても、ドアにするか、カーテンにするか、空気流にするか、といった選択肢があり得る。さらにドアの開閉機構についても、ノブをつけて手で引っ張るか、タッチすることにより自動で開くようにするか、というようなさまざまな選択肢が考えられる(図3)。選択肢に基づき、ドアがどちら向きに開くか、あるいは両方から開くような機構を考えるかといった検討を行い、コスト条件をクリアする範囲内で顧客の便益が最大になるようシミュレーションを行いながら、最適な組み合わせを模索していくことになる。

図3　機能分解に基づいた改良案の例

設計項目	選択肢1	選択肢2	選択肢3	選択肢4
冷却機能	圧縮機	ペルチェ		
庫内の密閉	ドア	カーテン	空気流	小分けトレイ
開閉支援	ドアノブ	自動		

設計空間を構築して創造的な解決策につなげる

検討を行う際、例えば冷蔵庫の「ドア」という対象が大きすぎる場合は、ドアをさらに機能分解し、それぞれについて改善点を検討することもできる。その一方で「ドアは本当に必要か？」というそもそも論に立ち戻ることもできる。例えば、ドアの機能は「空気を密閉する」なので、密閉の必要がなければドアも要らなくなる。実際、暖房器具にはコタツのような密閉型と温風ヒーターのような開放型が存在する。冷蔵庫においても極端に高性能で安価な冷却装置が開発され、冷気がふんだんに吹き出してくるような状況（冷却エリア）が得られるのであれば、必ずしも空気の密閉は必要なくなってくる。

開放型の冷蔵庫や冷蔵エリアが現実的な解に結びつくかどうかはともかく、「ドアは本当に必要か？」というそもそも論が出た場合には、このように一歩引い

図4　検討する対象はどこか

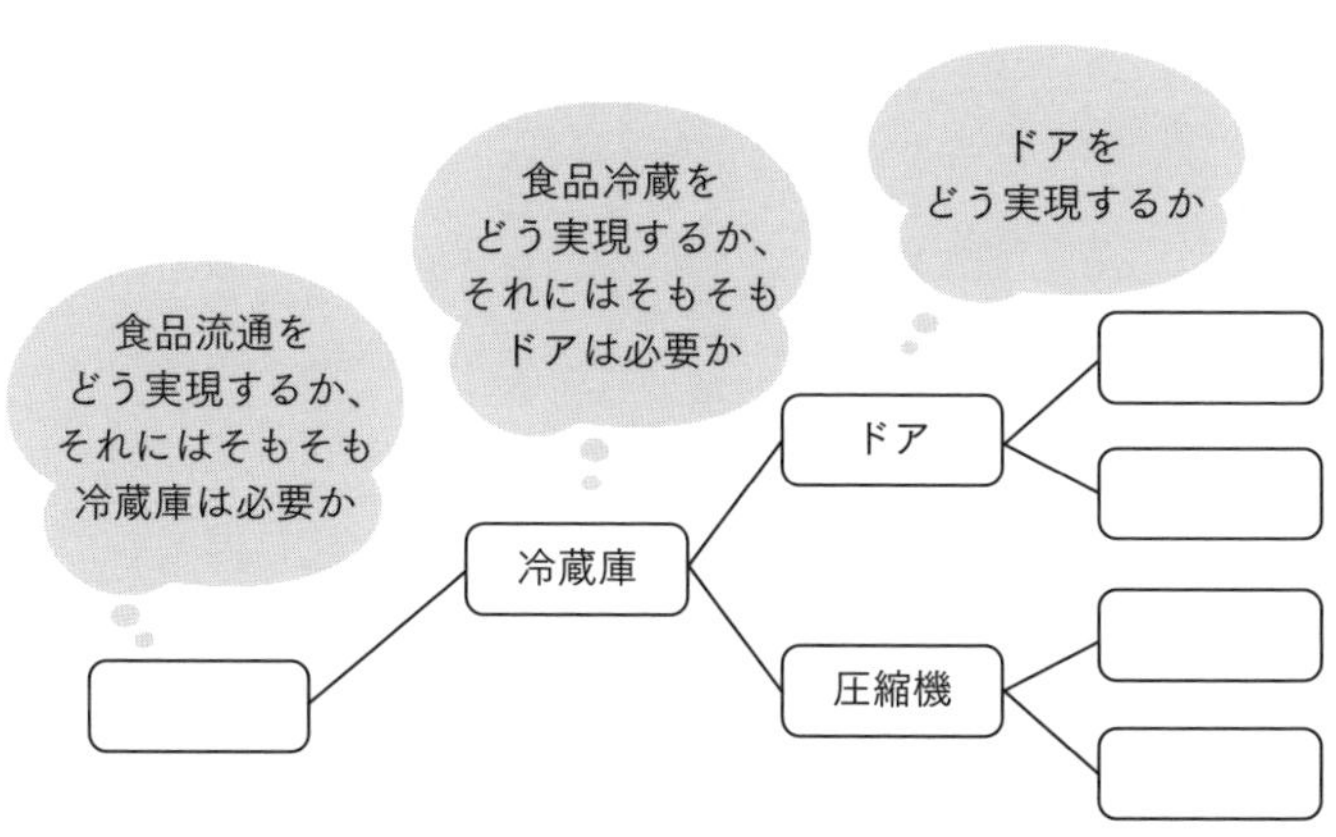

た視点から検討を行うこともできる（図4）。創造的な解決策につなげるためにこうした検討を行って設定対象を見極めることを「設計空間を構築する」という。

第2章では、「相手の様子を知るために移動したい」という要求に対して「相手に対する情報量を上げる」「自分の位置を相手の位置まで変化させる」のどちらも機能要求になり得るという話を取り上げたが、実はこれは機能分解のレベルが異なっていたことが原因で起きていたといえる。「相手の情報を知りたい」を実現するための手段には、「相手に会う」や「電話をかける」などの複数の手立てが考えられる。「相手に対する情報量を大きくする」を機能要求にする場合は、このどちらの手段を使っても実現可能になる（図5）。

「自分の位置を相手の位置まで変化させる」という機能要求は、「相手に対する情報量を大きくする」で考えられた二つの手段のうち「相手に会う」という手段を選択したうえでの機能要求になる。「相手に会いに行きたい」「そもそもなぜ相手に会いたいのか」「相手の様子を知りたいから」「様子を知るだけだったら電話でも良いのでは」というように検討し、そのうえで「相手に会う」を選択した場合は、さらにその手段として「タクシー」「徒歩」「電車」といったさまざまな方法が考えられる。そして、それぞれの手段をさらに機能分解していくことができるわけだ。

ドアの機能分解では、ヒンジのネジ一本、ドア素材の化学的組成にまでどんどん細かくしていくことができる。また、逆に冷蔵庫が食品流通業界のなかでどのような役割を果たしているか、さらに食品流通業界が社会のなかでどのような機能を担っているか考えることで、検討対象をどんどん広げていくこともできる。機能要求を最も大きく考えた場合、極端にいえば、人間社会システム全体の最適化、すなわち人類の幸福といった非現実的な巨大スケールにまで広げることも可能である（図6）。

「人類の幸福」から「ネジ一本の性能要求向上」までを一人の人間あるいは一つのプロジェクトチームがすべて検討することは極めて難しく、事実上あり得ない。通常は「開閉機構メカニ

図5　機能要求に応じて実現手段は異なる

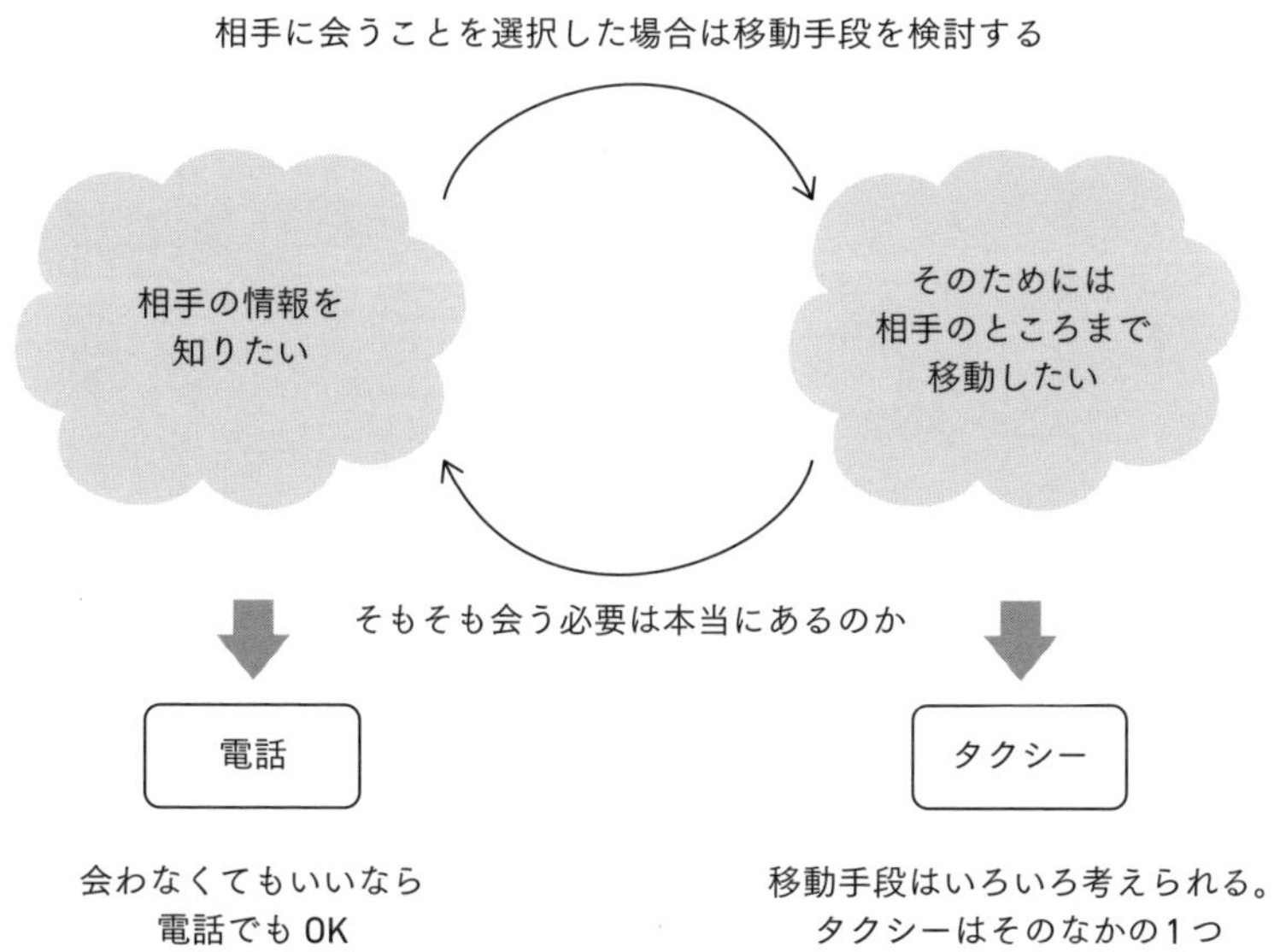
相手に会うことを選択した場合は移動手段を検討する
相手の情報を知りたい
そのためには相手のところまで移動したい
そもそも会う必要は本当にあるのか
電話
タクシー
会わなくてもいいなら電話でもOK
移動手段はいろいろ考えられる。タクシーはそのなかの1つ

図6　業界などそれぞれの領域ごとに検討対象を広げることができる

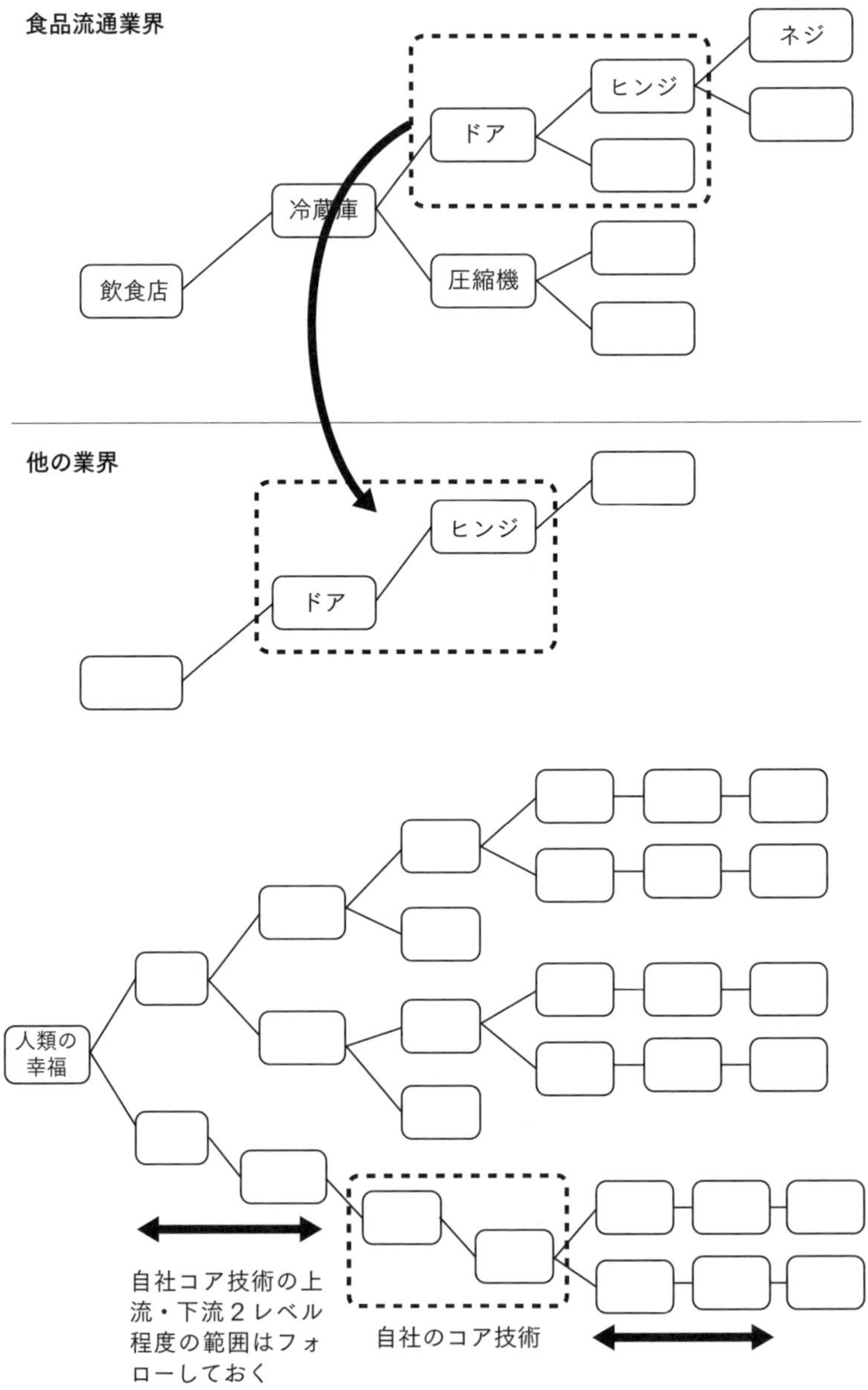

ズムとユーザー・インタフェースの専門家」「冷媒圧縮装置の専門家」など、人それぞれに守備範囲があり、あまりに広い範囲や細かい範囲までを直接担当することはない。

しかし、圧縮機の専門家だからといって、圧縮機の性能を上げることだけを考えていると、どうしても視野狭窄に陥ってしまう。少なくとも自分が担当する範囲の一段階、できれば二段階程度は大きなレベルと細分化されたレベルへの接続を押さえておくべきだ。例えば、圧縮機が冷蔵庫のなかでどのように働いているのか、逆に圧縮機の部品としてどのような素材開発が進められているのか、などを把握しておくのである。もちろん、冷蔵庫全体を設計する立場であれば、冷蔵庫を使うユーザーの要望を押さえておくことは必須になる。できれば食品流通業界全体のトレンドや法規制、貿易関連の動きなどについても理解しておくと、さらに有益な発想を得られたり、有利にビジネスを進められたりする可能性が高くなる。

自社が専門とするコア技術が他の分野とどうつながっているかを把握しておくことは、現在行っているビジネスだけではなく、コア技術の転用を行う場合にも大いに役立つ場合がある。第2章でも触れた富士フイルムはまさに、コア技術をきちんと転用することで大きな躍進を遂げている事例だといえる。

性能要求に関するシミュレーション

機能分解について、自動車を例にもう少し詳しく見ていこう。

自動車の信頼性と環境性をバランスよく高めるために、機能分解を行ったうえで「動力」と「ボディ素材」に着目したとする。それらに関してシミュレーションを行った結果を図7に示す。ここでは「動力」の選択肢として「ガソリン」「ハイブリッド」「電気自動車」の三つ、「ボディ素材」の選択肢として「金属」と「カーボン」の二つを用意している。このシミュレーションは簡易計算で、なおかつ使用する値はあくまでも仮に設定したものだが、この値に基づいて信頼性と環境性のバランスがとれた最適な組み合

図7　自動車の「動力」と「ボディ素材」に関する選択肢におけるシミュレーション結果（その1）

設計項目	選択肢1	選択肢2	選択肢3
使用車両	ガソリン車	ハイブリッド車	電気自動車
（環境性）	0.5	0.7	0.9
（信頼性）	0.7	0.6	0.5
ボディ素材	金属	カーボン	
（環境性）	0.5	0.8	
（信頼性）	0.8	0.5	
航続距離	長距離	中距離	
…		…	…

電気自動車-カーボンボディ
環境性　1.7（=0.9＋0.8）
信頼性　0.25（=0.5×0.5）

ガソリン車-金属ボディ
環境性　1.0（=0.5＋0.5）
信頼性　0.56（=0.7×0.8）

設計項目の選択肢に対して、注目している性能指標の推定値を仮に割り当て、和や積で全体の性能を推定（例：環境性を加算、信頼性を乗算で全体性能を簡易的に算出）

わせを求めていく。エンジン（動力）3通り、ボディ2通りの選択肢からは3×2で6通りの組み合わせが得られる。

　こうした組み合わせを考えた際、評価基準のすべてがトップになるような結果が得られることはほとんどない。多くの場合、快適性を上げれば信頼性が落ちる、耐久性を上げればコストが上昇するといったように、必要な性能がトレードオフの関係になってしまうことが多い。

　図8は、ここで取り上げた二つの性能、信頼性と環境性を2次元グラフにプロットしたものだ。グラフから、「ガソリン車－金属ボディ」の

図8　自動車のさまざまな選択肢におけるシミュレーション結果（その2）

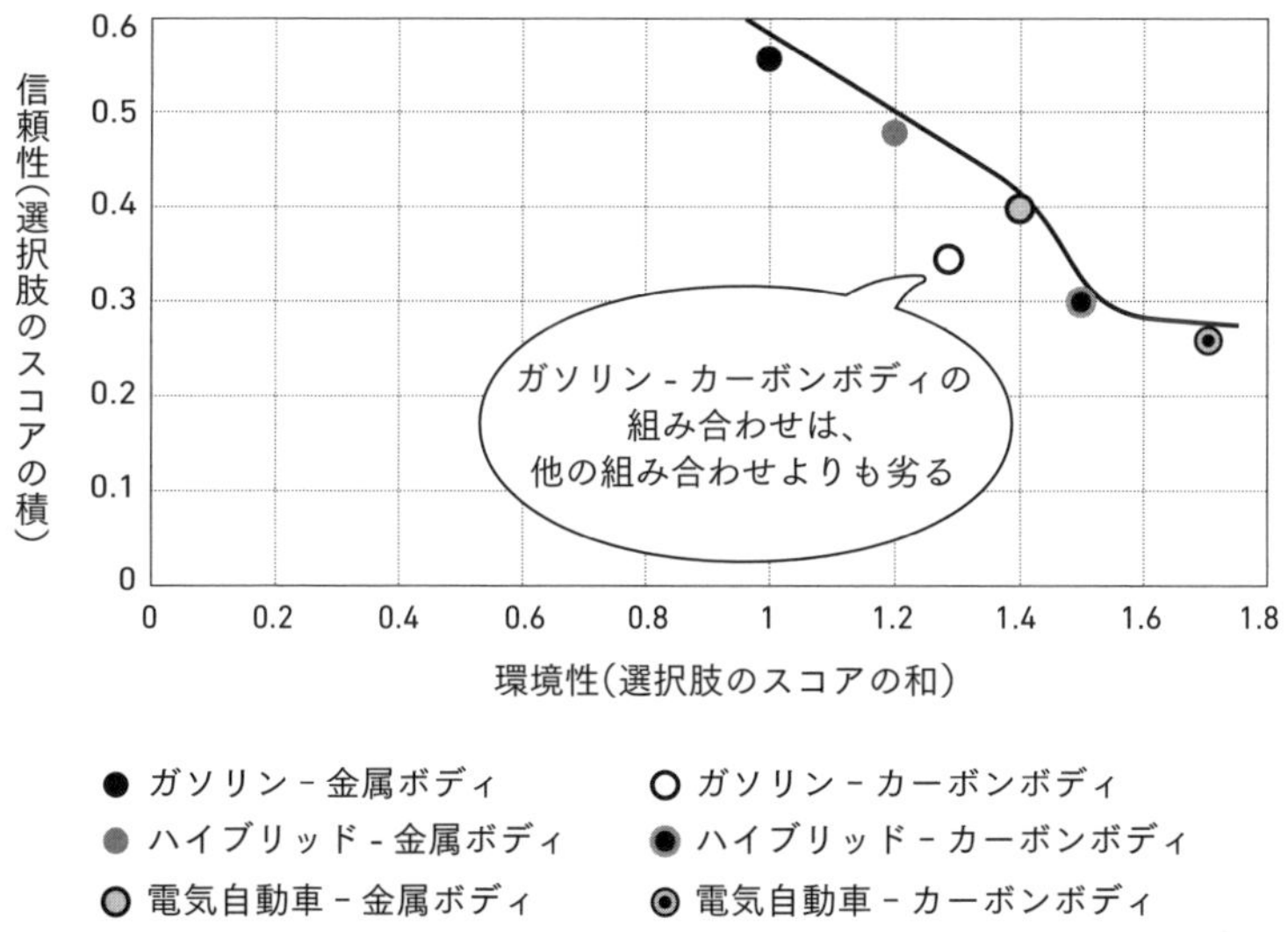

妥当性を考える際は、結果（ガソリン－カーボンボディは性能が悪いという判定結果）ではなく、前提（個別の選択肢に割り当てた性能推定値や算出方法）などについて議論を行うようにする

組み合わせは、環境性は悪いものの信頼性はトップ、逆に「電気自動車－カーボンボディ」の組み合わせは、信頼性は悪いものの環境性はトップになっていることが読み取れる。ただし、この場合、二つのうちどちらが優れているという判断を下すことはできない。環境性を優先する選択と信頼性を優先する選択のどちらも考えられるからだ。

しかし、ガソリン－カーボンボディの組み合わせについては、同程度の環境性でより信頼性の高い組み合わせ（ハイブリッド－金属ボディ）や、同程度の信頼性でより環境性の高い組み合わせ（電気自動車－金属ボディ）などがある。このため、このシミュレーションに基づいて環境性と信頼性を基準とした機能の組み合わせを考える際、ガソリン－カーボンボディの組み合わせは外して検討すべきであることがわかる。もちろん、こうしたシミュレーションについては、評価項目をさらに増やして経済性や耐久性なども組み合わせて、より広範囲に検討を行うこともできる。

他業種へのコア技術転用に成功した富士フイルム

第2章でも取り上げた富士フイルムＣＴＯの戸田雄三氏は、化粧品や衣料品分野への進出のきっかけについてインタビューで以下のように語っている。[※3]

若いころ、写真フィルム工場で働いていた時、あるトラブルに直面しました。その解決には、乳化やコラーゲンの勉強が必要でした。そのとき、役立ちそうな論文や学会のほとんどが化粧品や医薬品分野のものだということに気がつきました。それくらい化粧品や医薬品と写真フィルムは、似た技術を使っています。

論文や特許が他分野と重なっているということは、機能要件において一段下のレベルの要素技術が他分野と共有されていることを意味する。もちろん、他業種の要素技術を自社の分野に活かすことも重要だが、逆の視点から見ると、現在の自社のコア技術がそのまま他業種に活かせるという可能性を秘めていることも考えられる。コア技術がどういう機能を持っているか、そして他業種ではどういう機能を求めているかを検討することで、技術転用の可能性が見えてくるわけだ。

富士フイルムでは写真用フィルムを製造するために、薬剤を微細化したり、酸化を防止したりする技術を開発していた。この状態において、「微細化」や「酸化防止」の要素技術を化粧品や医薬品分野の研究に求めることは、自社のコア技術開発に大きく役立つことになる。また、開発された技術は当然写真用フィルム向けだが、こうした技術における「微細化する」「適切な場所に移動する」「抗酸化する」などの「プロセス」は、写真フィルムから切り離して考えることもできる。薬剤の「微細化」や「抗酸化」が求められる業種は他にないかを検討することで、自社のコア技術を他業種に応用する道筋も見えてくるわけである。

コア技術転用に向けた機能要件定義

こうした検討過程をシステム思考の機能要件定義のフォーマットで記述すると、図9、図10のようにまとめることができる。

これらの図は、部外者である著者の視点から、機能要件定義を簡略化して示したものである。実際の技術転用では、当事者目線でのより詳細な記述が必要となる。自社のコア技術を「何を処理対象として」「どのようなプロセス」を「どのような手段」を用いて実現するか整理しておくことは、他分野とどのような形で連携できるかを検討する大きな手助けとなる。それを実感していただくための具体例として提示するものだ。

図9は既存の技術、すなわち富士フイルムが所有していた技術が、どのような上位レベルの技術要件を達成しているのかを明示的に示し、達成のためのメカニズムをオペランド（処理対象）とプロセスの形式で記述したものである。ユーザーの「人物や風景をきれいに、末永く記録したい」という要求を満たすためにカメラとフィルムが存在するという要件か

図9　富士フイルムが写真フィルムで培った技術を著者の解釈において機能要件定義のフォーマットでまとめたもの（その1）

要件

処理対象	プロセス	手段	非機能要求
人物風景の映像情報	化学反応で記録する	カメラとフィルム	耐久性、再現性

アーキテクチャ

処理対象	プロセス	手段	処理対象	プロセス	手段	処理対象	プロセス	手段
フィルムの成分	化学反応で定着させる	フィルム	…					
		…	…					
			フィルムの成分	適切な場所に移動する	ナノテクノロジー	フィルムの成分	微細化する（移動の精度向上）	微細化技術
						フィルムの成分	微細な状態での安定化をする（移動の精度向上）	安定化技術
			フィルムの成分	抗酸化する	酸化防止剤	酸化防止剤	有効成分を選定する	化合物ライブラリ
						酸化防止剤	製造する	製造プラント

ら、「映像情報を化学反応により耐久性と再現性に優れた方法で記録する」方法を開発するという技術的な要件へと変換している。

この図に示したシステム・アーキテクチャの分析の例では、同社の解説記事等[※4]で紹介されている微細化技術、化合物ライブラリといった名詞形にまとめられた技術的な手段について、フィルムの成分や酸化防止剤というオペランドをどのように操作・変換する機能を提供するかという、動的なシステムとしての振る舞いとして記述している。創造的・革新的な変革を進めるための議論に参加するメンバーがこのようなオペランドと操作・変換というシステム思考の記述形式を理解しておけば、専門家以外と技術の基本的な機能について知識を共有するコミュニケーションのための共通言語となり、技術の新しいアプリケーション先を検討するうえでも有益である。

一方の図10は、化粧品という新しいアプリケーションを、肌の質を高めたいというユーザーの要求から、酸化防止剤による肌の酸化（老化）速度の低減、ナノテクノロジーによる有効成分の（効果が高まる場所への）移動、という二つの技術的な目標を設定している。このように、アプリケーションが必要とする機能を動的なシステムの振る舞いとして記述する（システムとして考える＝システム思考を行う）ことで、オペランドや操作・変換の類似性からフィルムに関する技術的手段が化粧品に転用できることが説明される。

図10　富士フイルムが写真フィルムで培った技術を化粧品に転用したことに対し、著者の解釈において機能要件定義のフォーマットでまとめたもの（その2）

要件

要求のオーナー	処理対象	属性	望ましい変更	非機能要求
化粧品ユーザー	肌	質	高める	確実に

要件1

処理対象	プロセス	手段	非機能要求と手段、主要な手段
肌	酸化（老化）速度を下げる	酸化防止剤	効果的に（化合物ライブラリ）

要件2

処理対象	プロセス	手段	非機能要求と手段、主要な手段
肌に有効な成分	肌の細胞の適切なところに運ぶ	浸透プロセス	確実に（ナノテクノロジー）

アーキテクチャ

処理対象	プロセス	手段	処理対象	プロセス	手段	処理対象	プロセス	手段
肌	質を高める	化粧品	肌	抗酸化する	酸化防止剤	酸化防止剤	有効成分を選定する	化合物ライブラリ
			…					
			化粧品の有効成分	（肌の細胞の適切な場所に）移動する	浸透プロセス	有効成分	微細化する	ナノテクノロジー（微細化技術）
						有効成分	安定化する	ナノテクノロジー（安定化技術）

ここで、ナノテクノロジーが対象としている粒子の径や、オペランドとしてのフィルムや肌の成分の類似性をより明示的に扱いたい場合には、第3章で紹介したOPMによる精緻なモデルが必要になる。発想を支援するにあたり、オペランドや操作・変換の形でシステムの機能を理解するという基本を学んだ人とOPMなどシステムモデルの記述方法を習得したファシリテーターが深い理解とともに協業することで、創造的・革新的な変革を進めることが本書の期待することである。

こうした技術転用は、必ずしも自社のコア技術を他業種にはめ込むばかりではない。機能要件の下のレベルと上のレベルが全く異なる業界に接続されるという可能性もある。その場合は、自社のコア技術がこれまで接点のなかった二つの業界をつなぐ橋渡しになるわけだ。

創造力強化のための技術者に向けた教育プログラム

本書のテーマであるシステム思考と、システム思考による創造性の強化について、前述のようにＭＩＴでは社会人に向けた大学院プログラム「ＳＤＭ（System Design and

Management)」が設置されている。このプログラムのなかでは、企業が学生のためのトピックを提供し、学生と協業しながら企業の問題意識を実行可能なプロジェクトとして企画している。この協業では、システム思考を基盤としたシステム設計の方法論が利用されている。多彩なバックグラウンドを持つ学生の多様な着想を、チームとしての思考形式を揃えることで同じ基準で評価し、効果的に掘り下げることができる。

SDMコースでは、例えば、Analog Devices、GE、Google Ventures、IBM、Raytheon Company、Rolls-Royce、Tesla Motors、Toyota Motor Corporation、United Technologies Research Center、Verizon、Xerox Corporationなど、多くの国際的な企業がパートナーとして紹介されている。[※5] これらの企業は、SDMプログラムの学生や関連教員とともに、技術系の技術企画を中心に教育プログラム内外の活発な協業を行っている。また、協業活動は採用とも連動しており、MITで生まれた創造的な着想を人材とともにリクルートするようなことも行われている。ここで強調しておきたいポイントは、世界を代表する多くの技術系企業が、伝統的な技術分野に加えて、システム思考やSDMで行われている教育内容に注目しているという事実である。

SDMで行われているプロジェクトの事例として、日本の海事産業からの技術者と共同で取り組んだ温室効果ガス排出規制に関する意思決定のケースを示す。[※6] この例は、「現在の海上物流における主力燃料である重油は、代替燃料であるＬＮＧ（液化天然ガス）などにどのようにシフトしていくのか」という例題に被験者チームが取り組み、その議論の進行を観察したものである。対象としている代替燃料の例題は、業界横断的かつ世界的な課題であり、複雑かつ大規模なシステムに関するものだ。

この研究トピックでは、チームの議論のなかで、重要視しているＫＰＩ（重要業績評価指標）や意思決定項目について、いつ気づきを得て、議論はどのように進行したかの追跡を行った。海上物流という産業ドメインに固有の例題であるが、他分野にも応用できる新しい着想が生まれるまでの議論の流れを明らかにすることを目指している。

本書はＭＩＴのＳＤＭプログラムを参考にしているが、関連する日本の国内の活動としては、ＳＤＭへの派遣を含む社会人や大学院生に向けた教育プログラムを運営している東京大学のGlobal Teamwork Lab[※7]や、技術の問題だけなく社会の問題にもアプローチすることを指向している慶應義塾大学大学院システムデザイン・マネジメント研究科[※8]などが挙げられる。本書の内容をより深く理解されたい方はこれらの組織の提供する資料をご覧いただきたい。

機能要件を業務に基づいてモデル化する

海事産業のモデル化とシミュレーション

本章の最後に、シミュレーションモデルを開発し、その結果に基づいて解決策を見出す例を具体的に説明しよう。

第3章で紹介した海事産業のモデル化に基づいて、実際にシミュレーションを行った研究例である。海事産業が「船会社と荷主間の船舶運航サービスの向上」という要求に応える場合、「安全確実な輸送（Quality）」「安価な輸送（Cost）」「納期確実な輸送（Delivery）」といった指標を上げていかなければならない。

例えば「安全確実な輸送」を目指すためには、「事故が起きる率を低い状態にする」「故障数を低い状態にする」といった機能要件が求められる。事故を防ぐには荒天を回避したり、操縦性を向上させたりすることが必要で、故障数を減らすには船体の強度を上げたり荷重を小さくしたり、エンジンのメンテナンスを行ったりといった対策が考えられる。さらに、これらの対策にはそれぞれどの程度の効果があるか、シミュレーションを行って検討することで最もコストパフォーマンスの高い対応を考えることができる。

「海事産業におけるＩｏＴ技術導入の意思決定支援に関する研究」では、こうした対策にＩｏＴを導入した場合、どの程度の効果が上がるかについて検討を行っている。

海事産業においては「安全確実に輸送をしたい」「安価に輸送したい」「納期確実な輸送をしたい」といった要求が特に重要だ。これらに関係してくる機能はそれぞれ「事故・故障数を削減する」「各種コストを削減する」「遅延時間を削減する」となる。

この機能を分解していくと「気海象の情報を得る」「船体・船用機器の故障状況を知る」「劣化を検知する」「操縦性を上げる」「人為的要因でのミスを防ぐ」などが必要になることがわかる。これらの機能は海事産業全体から見ると部分的なものではあるが、モデル化し、ＯＰＭで記述すると、図11のような形にまとめることができる。

この図の左側で「輸送」が「海上輸送」「港湾オペレーション」「陸上輸送」と「ホール－パート（集約と参加）」リンク（第3章の図13参照）で結ばれているが、これは輸送が海上輸送、港湾オペレーション、陸上輸送の三つで構成されていることを表している。さらに、「海上輸送」は、「船舶」と結ばれており、これは海上輸送には船舶が必要であることを示している。さらに、船舶は航海計画、進行方向、周辺状況、位置と「エキジビター－アトリビュート（発現と特徴）」リンクで結ばれているが、これは船舶がこれらの属性を持つことを表している。

図11　OPMにより海事産業の「輸送をする」をモデル化した例

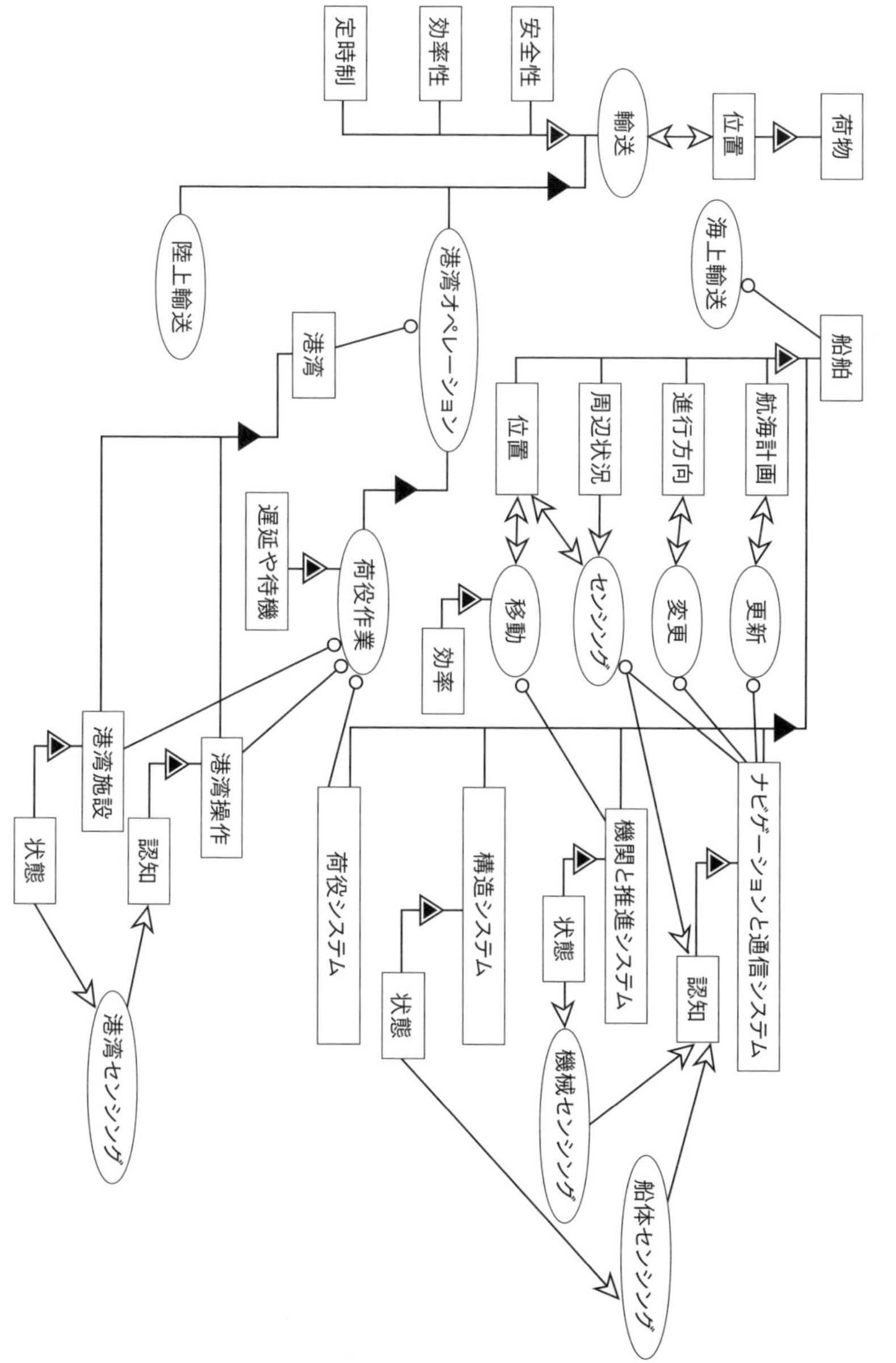

このモデルでは、船舶はナビゲーションと通信システム、機関と推進システム、構造システム、荷役システムで構成されると簡略化している。ナビゲーションと通信システムは人間も含めてシステムを構成している。ナビゲーションと通信システムには認知という属性があり、機関と推進システム、構造システムは状態を属性として持つ。状態をセンシングすると、ナビゲーションと通信システムの認知という属性がアップデートされる。このような形で海事産業をモデル化していく。

港湾のオペレーションでは、荷役作業での遅延や待機というパフォーマンスに関する属性をモデル化した。荷役には船舶の荷役システムと港湾のサブシステムが使われる。港湾でも状況をセンシングしながら認知をアップデートするという関係がある。

このダイアグラム中のプロセスを行うために必要な機器を変更すると、最終的な荷物の輸送プロセスの安全性、効率性、定時性の各性能にどのような影響を与えるかをシミュレーションで評価し、どういった機器を選定すればよいかの検討を行う。

ここで重要なことは、このモデルを用いて、他の人と意思決定の前提が共有されることにある。このモデルはあくまでも簡略化したもので、実際の海事産業では要素は他にもある。しかし、対象業務のオブジェクトやプロセスをどこまでモデルに組み込むべきであるかを明示したモデルを用いて議論することで、建設的な議論が可能となる。

ＯＰＭモデルに基づいてシミュレーション対象を選定する

この研究例では、これらの対策を以下に示す15のカテゴリ、25の対策に分けて、それぞれにＩｏＴを用いたモニタリング装置をつけた場合の効果についてシミュレーションを行っている。

15のカテゴリとそれらに含まれる対策を次に示す。少し細かくなるが、こうした項目を設けてシミュレーションを行うことを具体的につかんでもらうのが狙いだ。特にこの例では、今後の活用が大いに見込まれるＩｏＴが取り入れられていることにも注目してほしい。ＩｏＴを活用したモニタリングを含む25の対策には、それぞれ１～25までのＩＤ番号がついている。

＊舶用機器モニタリング（ID. 1、2、3）

エンジンや航海機器のモニタリングによって、より適切で効率的なメンテナンス実施を見込む。主機モニタリング（ID. 1）、航海機器モニタリング（ID. 2）、補機モニタリング（ID. 3）を想定している。

＊船用機器リモートメンテナンス（ID.4、5、6）

リアルタイムで船用機器メーカーとの情報共有を可能にする。主機リモートメンテナンス（ID. 4）、航海機器リモートメンテナンス（ID. 5）、補機リモートメンテナンス（ID. 6）を想定している。

＊高強度船開発へのデータ活用（ID. 7）

船体モニタリングによって構造信頼性に優れた船舶の設計・建造が期待できると考えられる。

＊船体荷重制御支援（ID.8、9）

ＩｏＴ技術の発展に伴って舵やスラスターの荷重制御機能実現を想定する（ID. 8）。また、船体構造のモニタリングで船体の軽量化が実現することを想定する（ID. 9）。

＊船体構造モニタリング（ID. 10、11）

ＩｏＴ技術導入による船体構造モニタリングによって運航中に船体損傷を早期発見できれば、適切な時期での入渠《にゅうきょ》（ドックに入ること）によるメンテナンスの実施（ID. 10）や予期せぬダウンタイムと改修時間の減少（ID. 11）が期待できる。

＊ウェザールーティングの高度化（ID. 12）

ＩｏＴ技術の利用によって燃料消費量の把握や波風の計測精度が向上、ウェザールーティングサービスの品質が向上し、燃費最適運航や安全運航が向上する。

＊安全操船支援（ID. 13、14）

ＩｏＴ技術の導入により正確な操船判断による事故率の減少（ID. 13）や、業務の自動化による船員数の削減（ID. 14）が期待できる。

＊リスクベース検査（ID.15）

船級検査は数多くのチェック項目を目視や手動で確認するなど、時間と手間がかかる。ＩｏＴ技術で事前検査が可能になれば入渠時のコストやダウンタイム減少が期待できる。

＊荷役装置モニタリング・自動化（ID. 16、17）

荷役クレーンなどの荷役装置をＩｏＴ技術で常時モニタリングすることで、荷役装置の故障に先がけて事前にメンテナンスや修繕の実施が可能となる（ID. 16）。また、ＩｏＴ技術導入により、荷役装置操作の効率化や遠隔操作も期待できる（ID. 17）。

＊港湾作業の効率化（ID. 18）

ＩｏＴ技術によって港湾作業を常時モニタリングすることで、適切な港湾オペレーションが可能になることが期待される。

＊自律船（ID. 19）

ＩｏＴ技術導入の大きな目標として、陸上からの完全遠隔操作や自律船の可能性が模索されている。結果として船員数の削減などが期待される。

＊省エネ操船支援（ID. 20）

ＩｏＴ技術を活用し、現状の船舶とその周りの海象を正確に把握することで燃費効率のよい運航が期待できる。

＊造船建造ーｏＴ（ID. 21）

ＩｏＴ技術によって建造効率が向上し、結果として建造費の削減が見込まれると考えられる。

＊造船設計のＩｏＴ化（ID. 22）

造船設計の現場にＩｏＴ技術を導入することで、情報のやり取りがより効率化することが期待できる。

＊省エネ船開発へのデータ活用（ID. 23、24、25）

実海域の運航データをＩｏＴ技術によって取得し分析を行うことで、運航が予定されている海域に応じた省エネ船型の開発（ID. 23）やプロペラ（ID. 24）・主機（ID. 25）の選定が可能となる。

こうした対策は、もちろん全部行えばそれぞれ効果が期待できるものの、導入コストを考えると一部を選ばざるを得ない。そこで、どの対策にどのような効果があるのかを予想するために、「事故数・故障数」「運航利益」「遅延時間」のそれぞれについてシミュレーションを行うことで、図12に示すグラフに示される結果が得られた。

図12　海事産業の例における25の対策の効果比較のシミュレーション結果

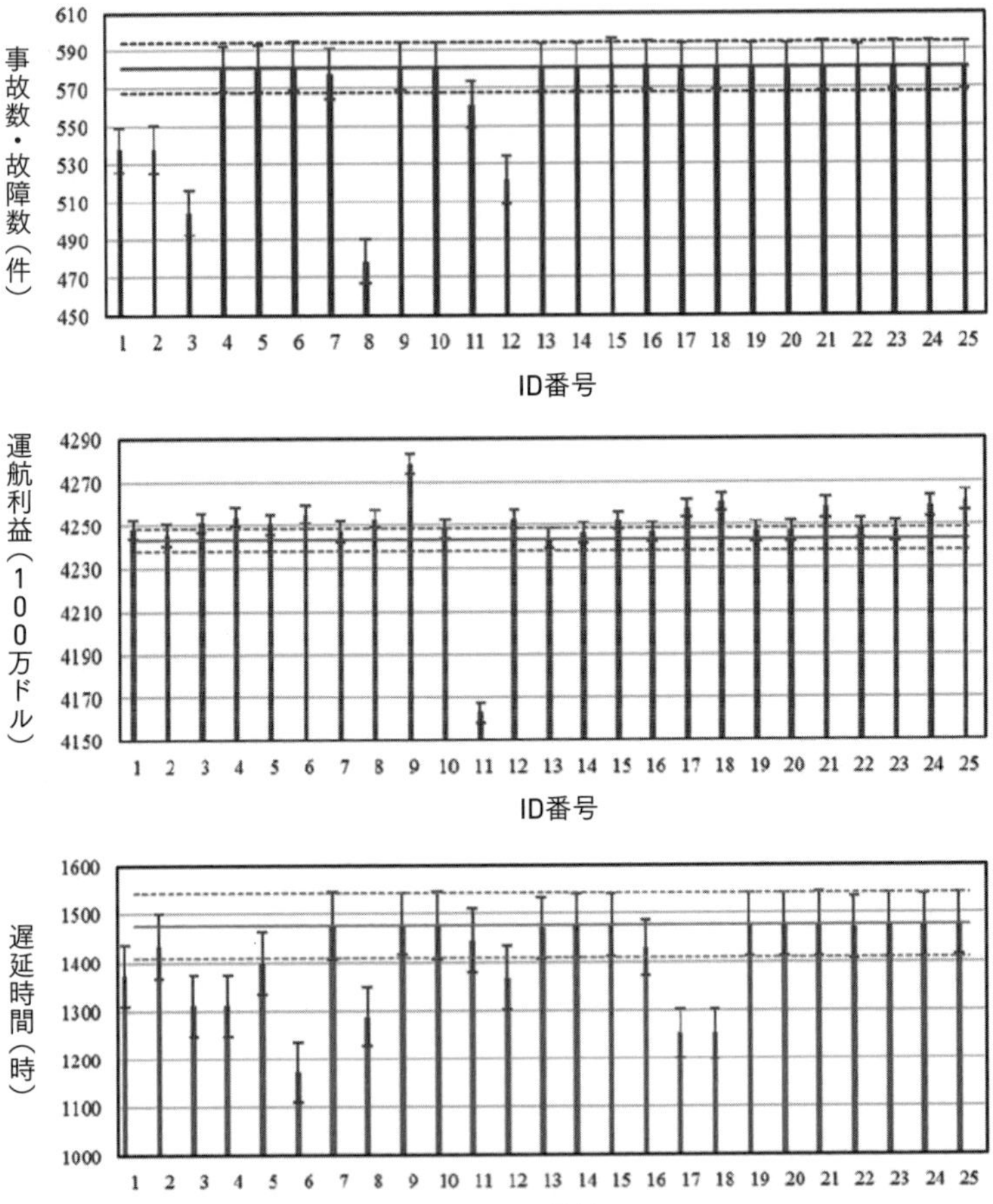

シミュレーションによる結果は次の通りだ。事故・故障数を減らそうとすると、ID.8の荷重制御支援（荷重軽減）、次いでID.3の舶用機器の補機モニタリングの効果が高いことがわかる。運航利益を上げようと考えた場合には、ID.9の荷重制御支援技術（船体重量軽減）の効果が最も高いという結果が得られた。また、荷役作業の効率化（ID.17、ID.18）やエンジン性能向上（ID.25）もある程度効果が得られることが予想されている。

遅延時間の削減を主目的とした場合は、舶用機器復旧時間にかかわる舶用機器リモートメンテナンス（補機のID. 6）や荷役遅れにかかわる荷役遠隔操作・自動荷役システム（ID.17）や港湾作業の効率化（ID.18）の効果が大きいことがわかる。

一方、却って利益減少が予想された対策も見られた。ID.11の船体構造モニタリングによる入渠時期の柔軟化は、条件設定によっては収益が悪化する結果となった。

ID.1からID.25の対策から有効な選択肢を決める場合は、こうしたシミュレーション結果に基づいて検討を行うことになる。しかし、10％の向上が見られる対策を二つ行ったとしても、10＋10で20％の効果が得られるとは限らない。複数の対策を選ぶ場合、効果の高い対策を二つ選んでも二重投資のような形になってしまうことがある。しかし、シミュレーションの条件を変えることで、複数の対策を行った場合の効果についても予想することができる。

このように構築した設計空間に基づいてシミュレーションモデルを開発・実行してその結果を検討することで、効果的・創造的な解決策（創発）を見出すことが可能になる。

注釈

※1　A・F・オズボーン著『独創力を伸ばせ』（ダイヤモンド社、1958年）

※2　オズボーンのチェックリスト（Alex Osborn, Applied Imagination, 1953）に基づいて、MIT Creative Engineering Laboratoryが作成したもの。

※3　日経クロステック、「事業転換」成功の秘訣　富士フイルムCTO
https://tech.nikkeibp.co.jp/dm/atcl/column/15/092100068/110700012/

※4　富士フイルムビューティー&ヘルスケアオンライン：技術ができること
https://shop-healthcare.fujifilm.jp/reason/tech.html

※5　MIT-SDM Participating Companies
https://sdm.mit.edu/recruitment/participating-companies/

※6　Pelegrin, Lorena & Moser, Bryan & Wanaka, Shinnosuke & Chavy-Macdonald, Marc-Andre & Winder, Ira. (2019). Field Guide for Interpreting Engineering Team Behavior with Sensor Data: Proceedings of the Ninth International Conference on Complex Systems Design & Management, CSD&M Paris 2018. 10.1007/978-3-030-04209-7_17.

※7　東京大学Global Teamwork Lab
http://gtl.k.u-tokyo.ac.jp/

※8　慶應義塾大学大学院システムデザイン・マネジメント研究科
http://www.sdm.keio.ac.jp/

第5章

想定外を想定し、最適解を得る

システムの動的・定量的な分析

本章のポイント

- システムを「動的」に分析する
- 「因果ループ図」で問題点を明らかにする
- 定量的な分析を可能にする「システム・ダイナミクス」
- シミュレーション結果を総合的に判断する

システムの動的な振る舞いを予測する

因果関係から動きを予想する

第2章では、ステークホルダー・バリュー・ネットワーク（SVN）を用いたシステム構造分析を行った。SVNはシステム全体の構造を静的に概観し、各ステークホルダー間の関係を分析するには適しているが、時間経過とともに状況が変化していく様子、すなわち動的な分析には向いていない。動的、言い換えれば時々刻々と変化していくシステムの挙動を分析するには、ステークホルダーだけではなく、システムを構成するさまざまな要素に変数を割り当て、因果関係を分析し、最終的には変数間の関係を数式で記述したモデルを使う必要がある。

「因果ループ図」は、変数と矢印だけを使った比較的簡単な記述法の一つだ。ある変数Aの変化が別の変数Bの変化を引き起こすとき、A（原因）からB（結果）に矢印を引いて表す（図1）。図1aは、銀行口座（口座残高）と利息入金（額）の関係を記述した因果ループ図である。銀行の口座残高の金額が大きいと利息入金額は大きくなり、利息入金が大きくなるとさらに口座残高が大きくなる。このように矢印に直接つながっている原因と結果の変数以外の値がすべて同じであるとき、「原因の変数がより大きい（小さい）と、結果の変数はそうでなかったときと比べてより大きい（小さい）」ならば、プラス符号を付けて表記する。このように全体を見たときに、ある変化がさらに同じ方向への変化を生む構造になっているループを正のフィードバック・ループ（自己強化ループ、R）と呼ぶ。

一方、図1bは、人員が増えると人員調整として増員数が減らされ、逆に人員が減ると補充のために人員が増やされる。このように矢印に直接つながっている原因と結果の変数以外の値がすべて同じであるとき、「原因の変数がより大きい（小さい）と、結果の変数はそうでなかったときと比べてより小さい（大きい）」ならば、マイナス符号を付けた矢

図1　因果ループ図の例

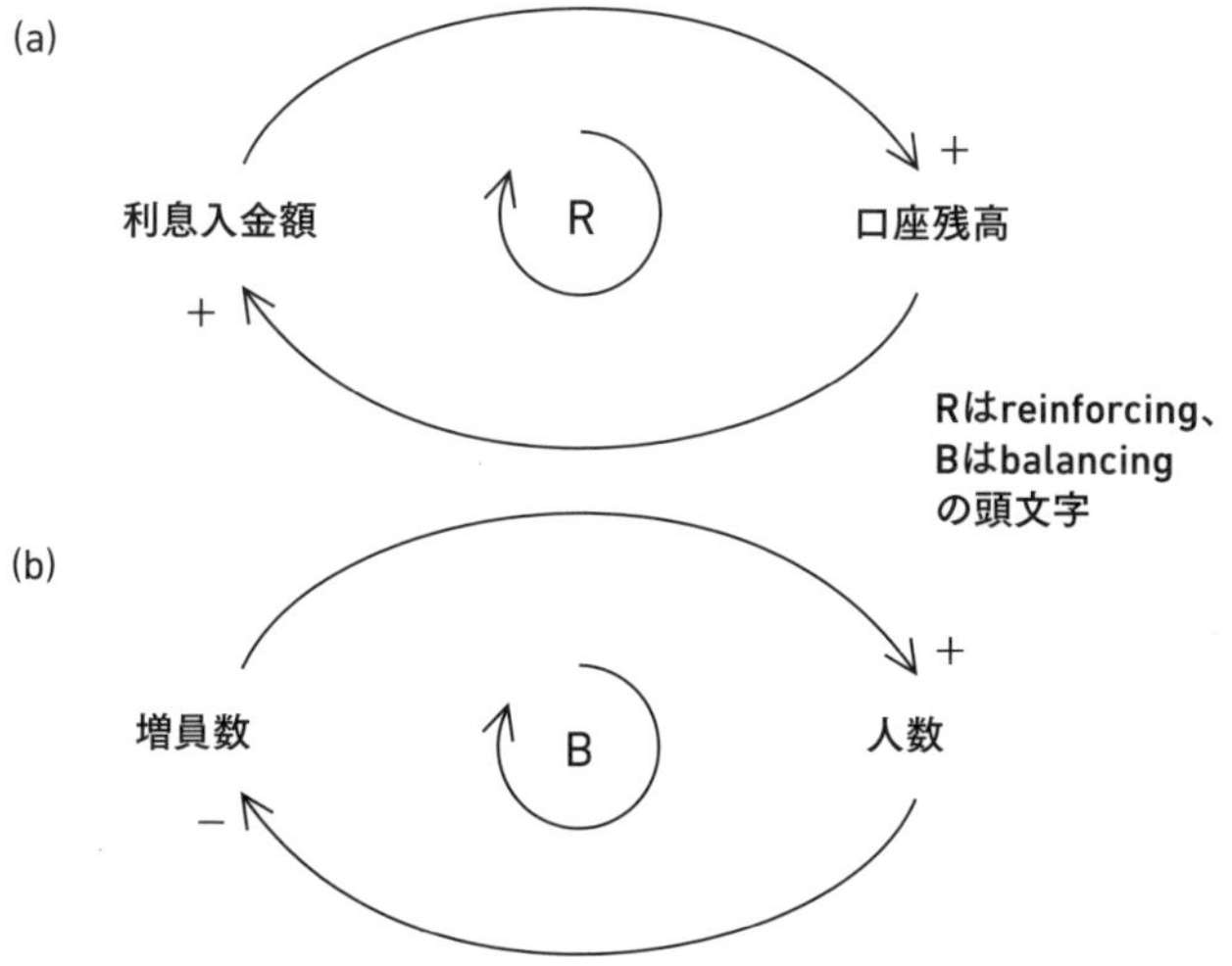

印で表記する。全体を見たときに変化を抑制する方向にループが作られている場合は、負のフィードバック・ループ（バランス型ループ、収束のループ、B）と呼ぶ。

口座残高や人員の例では、変数は二つのみで、それぞれが互いに影響を及ぼす関係だったが、実際の業務ではさらに多くの変数が複雑に絡み合っている。ここで図2のように四つの変数（A、B、C、D）が順に影響を及ぼし、そのなかの二つがマイナス符号だった場合を考えてみよう。図2aでは、Aが大きくなったときにBも大きくなるが、マイナスの影響を受けるCは小さくなる方向に変化する。それを受けてDも小さくなるが、この変化は次のマイナス符号の矢印で再度反転するため、全体で見ると正のフィードバック・ル

図2　正のフィードバック（R）と負のフィードバック（B）

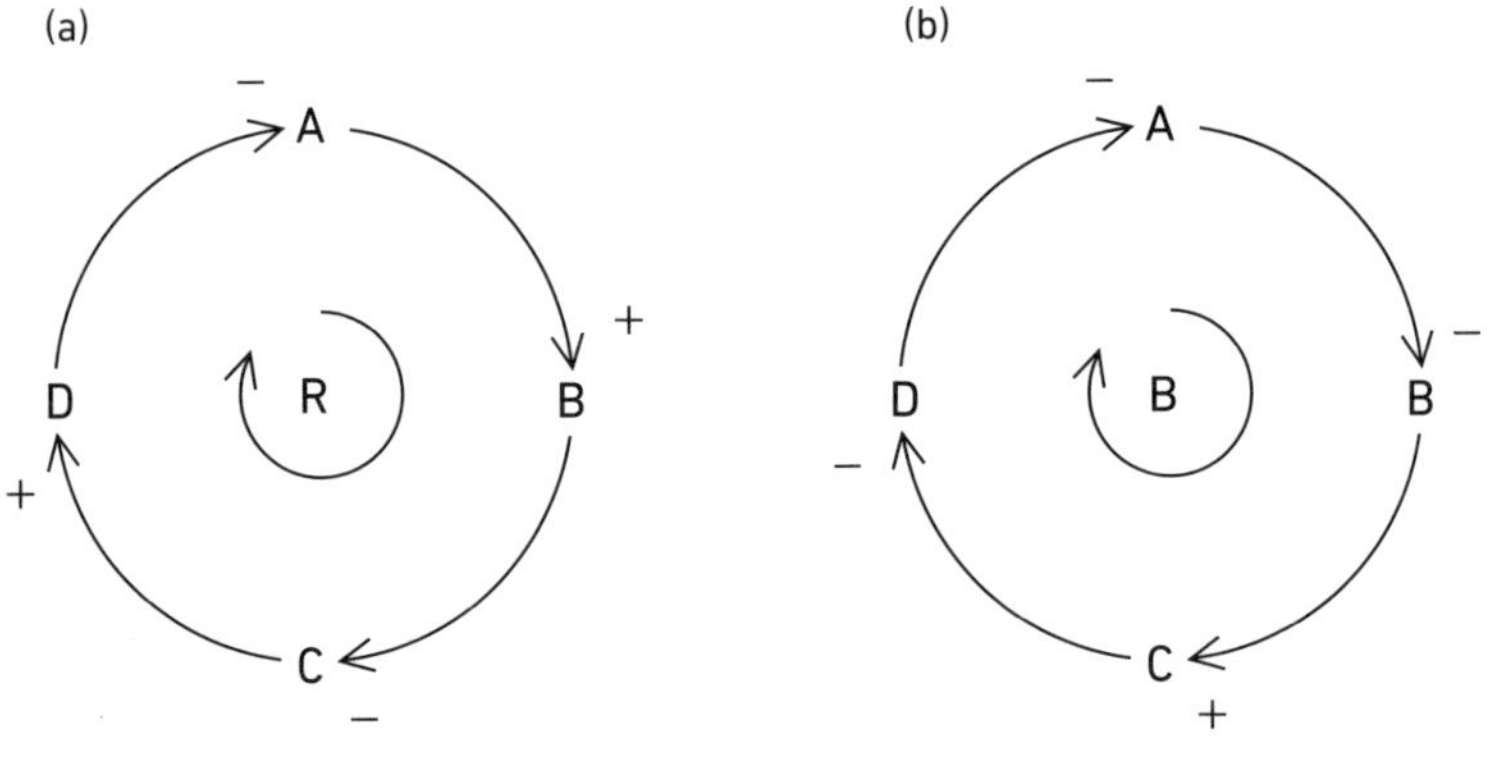

ープになる。しかし、図2bのようにマイナス符号の矢印が3つあった場合は、全体で見ると負のフィードバック・ループを構成する。このようにループのなかの符号を見て、マイナス符号の数が偶数であれば正のフィードバック・ループ、奇数であれば負のフィードバック・ループとなる。

因果ループ図で問題点を明らかにする

こうした因果ループ図だけを用いて正確に挙動を予測することは難しい。しかし、システムの挙動に影響を与える構造を把握したり、結果に大きな影響を与える変数を検討したりする際には、最初に因果ループ図でシステムを記述することにより、問題点をある程度明らかにすることができる。また、後で紹介する定量的分析の結果を他者に簡略化して示す際（例えば、エグゼクティブ・サマリーを作るときや論文・報告書など）にも使われる。

図3に売上と商品単価、顧客の来店頻度などの関係を因果ループ図にまとめた例を示す。売上が増加した場合、競合参入の脅威が高まる一方で、顧客獲得の必要性は下がる。競合参入の脅威が高まると、競争が発生するため商品単価を下げる必要が出てくる。これは、売上と競合参入は同じ動きをするが、競合参入と商品単価は逆の動きをすることを意味する。もう一つのループに着目してみよう。売上が上がれば、顧客獲得の必要性は下がって

くる。顧客獲得の必要性が下がれば商品単価を上げることができる。これはどちらも原因と結果が逆の動きをすることを意味している。

顧客の視点から見ると、商品単価が上がれば来店頻度が下がるという動きになる。顧客の来店頻度と商品単価はそれぞれ同方向の動きで売上に影響することになる。

因果ループ図はこのように正のフィードバック・ループと負のフィードバック・ループの両方を含むことがほとんどで、システム全体の挙動はこのなかの「どのループが強いか」で決定される。さらに、時間を追って、相対的な強さは変化し得る。定性的な分析では、これらに対応することができないことから、これから述べるようなシミュレーションが必要になるわけだ。

図3　売上と商品単価、顧客の来店頻度などの関係

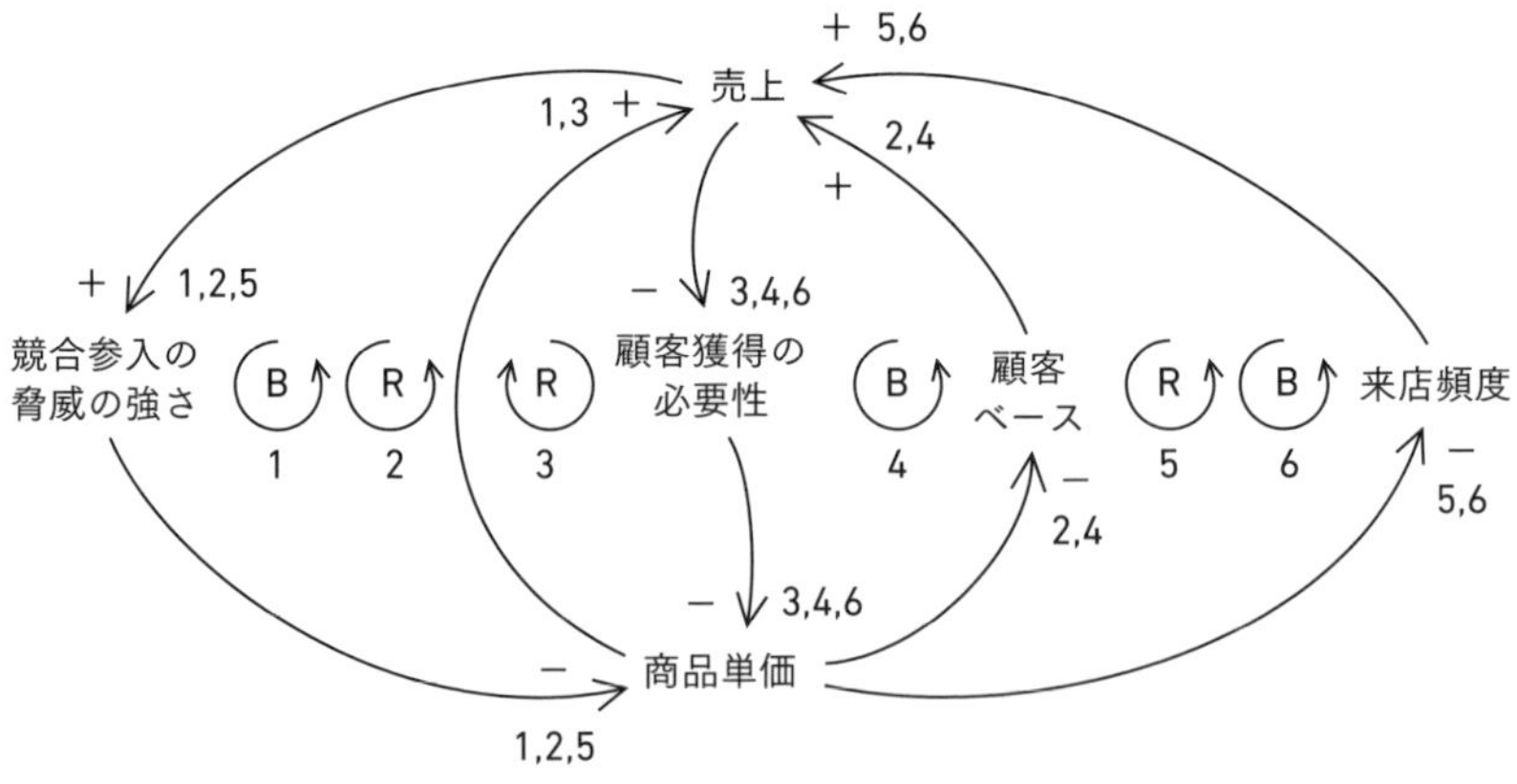

矢印の番号は構成するループを示す

収束するとは限らない「収束のループ」

負のフィードバック・ループは、先に紹介したように、「収束のループ」とも呼ばれる。しかし、これは「値が一方的に大きくなるような動きにならない」というだけで、必ずしも安定して収束する形になるとは限らない。負のフィードバック・ループは、収束のループと呼ばれながら、収束が保証されたループではないのだ。

例えば、人員調整を行う場合。まず現在の人員の状況を認識し、人数を減らすか増やすかという意思決定をし、続いて人員数の調整を実施する。その行動が終了することで、人員数の状況が更新されることになるのだが、ひとことで人員調整といっても、実際には解雇あるいは雇用が即時に行えるわけではない。どうしてもタイムラグ（時間のずれ）が発生してしまう。人が足りないから募集する。しかし、なかなか規定の人員まで到達しないので募集を続ける、人が集まったときには状況が変わっている。しかし、余った人員を解雇するといってもすぐに解雇するわけにはいかない――。これを繰り返すことで人員数は適正値を中心に波打つような挙動を示してしまうことになる。

このように、安定を目指して制御が行われているにもかかわらず、挙動に「波」が現れる事例は、社会のあらゆる場面で現れる（図4）。在庫や設備投資の調整によって発生すると考えられている景気のキチン循環やジュグラー循環などはその代表例だ。物理的な事例では、大型航空機や大型船舶などもそうだ。舵を切ってから実際に向きを変え始めるまでタイムラグがあるような大きな乗り物を仮に素人が操縦した場合、ついつい舵を大きく切りすぎることで蛇行を始め、簡単に収めることができなくなってしまうだろう。大事故を防ぐには何かしらの「仕掛け」が必要になる。

ビジネスでも同じである。仕掛けや工夫が必要だ。ましてや、ビジネスでは工学システムよりも不確実性や遅れが大きく、経験や知識が十分にある経営者すらもしばしば想定外の状況に悩まされ、はた目には「素人」に似た結果（失礼！）になることもある。そして、その意思決定の影響を受ける人は従業員や顧客、さらには社会全般

図4　制御をしているときにタイムラグが生まれる

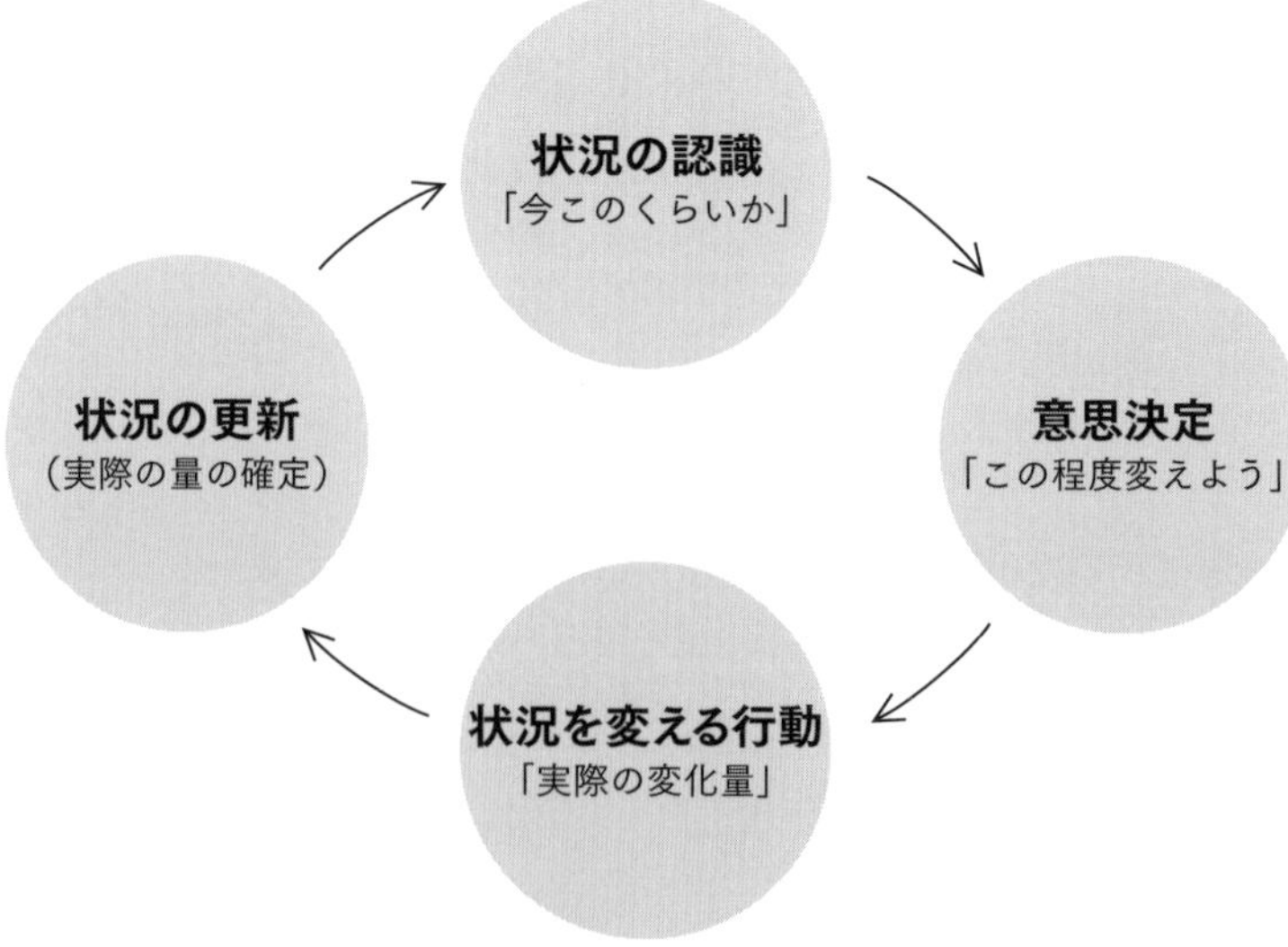

にも及び得るなど、非常に多い。経済やビジネス・景気という「大型船」を制御する場合には、「不安定な蛇行を防ぐメカニズム」を別に用意して、タイムラグを見込んだ細かなコントロールを行う必要があるわけだ。

店頭在庫変動の原因を見極める

ここで、ちょっとしたクイズを出してみよう。図5は、ある商品の月別店頭在庫数の変化を表したグラフである。さて、これはいったい、どのような特性を持った商品なのだろうか。

変化のパターンを見ると、概ね12カ月周期で在庫数が上下している。このことから、真っ先に予想されるのは特定の季節に売れ

図5　ある商品の月別店頭在庫数の変化を表したグラフ

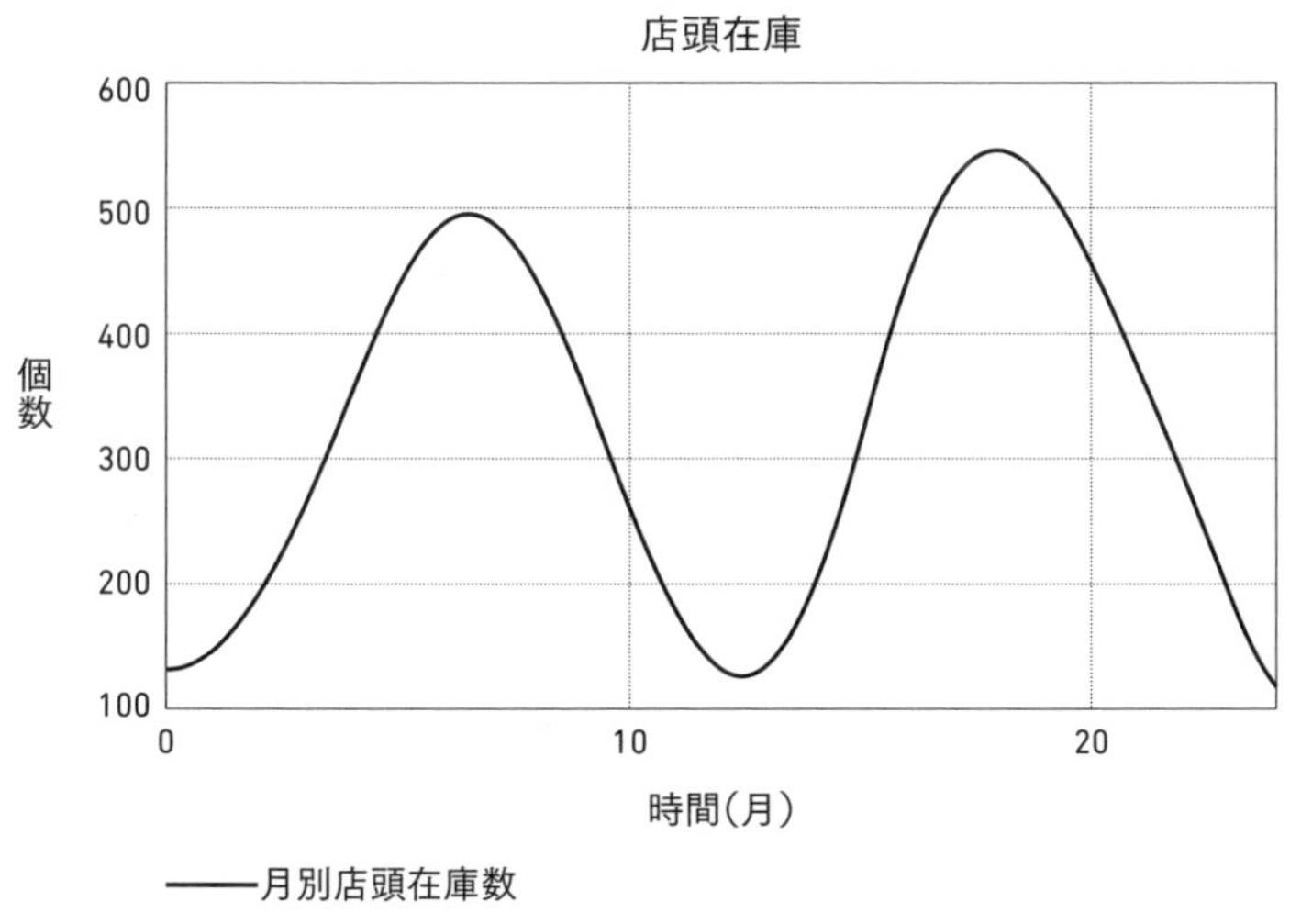

る商品ということだ。例えば夏場によく売れる商品だと、夏場の店頭在庫数が減ってしまうという考え方だ。もちろん、その逆も考えられる。夏場によく売れる商品だからこそ、大量に仕入れが行われ、その結果、夏場は店頭在庫が豊富になるという考え方である。

しかし、種明かしをすると、このグラフはランダムな店頭販売に対し、売れた分の補充分と在庫目標水準に対する不足分の発注と過剰分の返品を行うという単純なモデルをもとに、店頭在庫数のシミュレーションを行って得られた結果のグラフである。図6に示すように販売数に季節変動はなく、各月の売上はバラバラ。そうしたバラツキのある販売数を受けて、店舗側は店頭在庫をできるだけ均一に保とうとして発注をかけている。しかし、発注をかけても納品は即時に行われるわけではない。出荷処理、配送にはどうしてもタイムラグが発生してしまう。そして、このタイムラグが原因となって周期的な変動が発生してしまうのだ。

店頭在庫が少なければ発注を行い、オーバーしていれば返品する。因果ループ図で考えた場合、この二つの関係は典型的な収束のループを形成している。しかし、実際には、店頭在庫は安定した値に収束するのではなく、納品処理のタイムラグを原因とする変動が発生してしまう。

定量的分析で正しい戦略を見出す

　このようにタイムラグが発生するような問題をうまく扱うには、定量的に数値を扱う分析手法がどうしても必要になってくる。そのうえで、さまざまな要素を検証したり仮説の値で置き換えたりして、システムの本質を探らなければならない。そうでなければ、この例でいうと自らが生み出した12カ月周期で波打つ振る舞いから、ありもしない「季節性」を見出して、実際にはないストーリーを組み立ててしまい、そのストーリーに基づいて誤った戦略を立案してしまうことになるだろう。大きな課題を解決したいと意気込んでいるときに、「幽霊の正体見たり枯れ尾花」では困るのである。

図6　図5で示した商品の月別店頭販売数の変化を表したグラフ

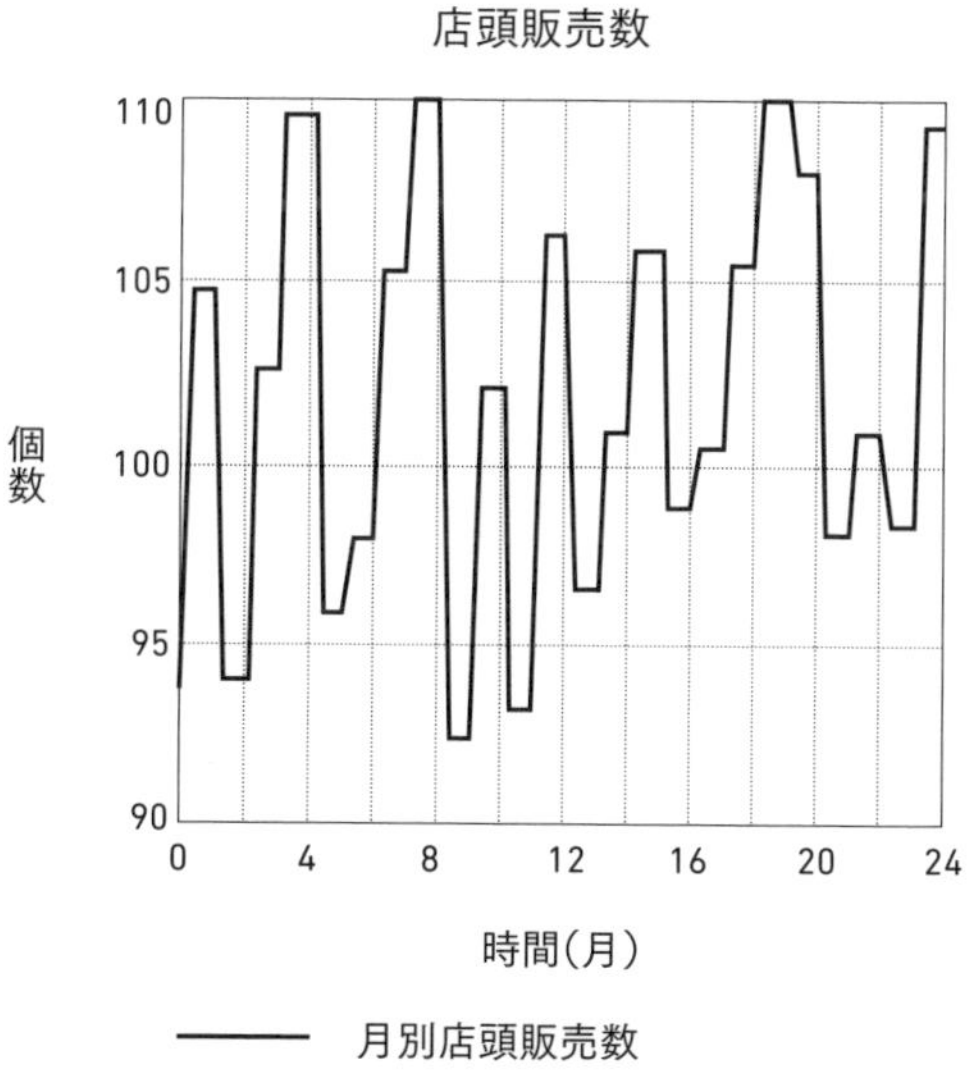

システム・ダイナミクスによる定量的な分析

定性的な分析から定量的な分析へ

企業において改善・改革を実施するには、当然のことながら、相応のリソースが必要となる。つまり、ヒト・モノ・カネ・時間などを費やすことになる。また、元々それらのリソースを使っていた本業のパフォーマンスは、その分しばらく落ちてしまうことになる。いつまで、どの程度パフォーマンスが落ちるかを見極めて覚悟しないと、改善・改革というアクションにコミットできないため、どうしても定量的な分析が必要になる。

これまでに紹介したようにシステム思考には、考え方をまとめるための図示や分類の方法など、多くの分析手法がある。しかし、その多くは定性的なものであり、量の概念を扱うにはさらに一歩進んだ手法が必要となる。そこで用いられるのが「システム・ダイナミクス」の考え方だ。

適用範囲が広がるシステム・ダイナミクス

システム・ダイナミクス（ＳＤ）は１９５６年、時間とともに変わる企業の性質を研究するために、MITのジェイ・フォレスター教授によって創案された。[※1] 当初はインダストリアル・ダイナミクス（ID）と呼ばれていたものだ。数学で表現すると非線形連立微分方程式で表されるようなモデルを扱うことが可能で、システム内のフィードバック・ループ分析や長期のシミュレーションに適していることで注目を集め、地域問題を扱う「アーバン・ダイナミクス」、地球規模の資源環境問題を扱う「ワールド・ダイナミクス」など適用分野を広げてきて、今日のシステム・ダイナミクスとなった。

システム・ダイナミクスでは、人員数や資金などのストック（数学の言葉でいうと状態変数）の増減について、微分方程式の数値解を求めるという手法で定量的に分析する。実は、先ほど紹介した店頭在庫の変動も、対応する微分方程式の虚数解がオイラーの公式で三角関数の実解に対応するというメカニズムにより、説明することが可能だ。実際にどのような変動周期になるかといった検討も、微分方程式を解くことによって求めることができる。

とはいえ、一般解が求まることがほとんどない非線形連立微分方程式をそのまま解いていくことは現実的ではない。このためシステム・ダイナミクスは、内部的には微分方程式を解くためにシミュレーションを行っている。また、各変数を一つのアイコンで表した図で表現し、難解な数式は一切ユーザーの前に現れないように工夫されている。実際、実用的なシステム・ダイナミクス・モデルの多くは、加減乗除など初等数学レベルの単純な数式を使って表現されている。また、金利や納期など、変動する可能性のある外部パラメータについては、取り得る範囲を与えることで、結果について「何パーセントの確率でこの範囲に収まる」など、幅を持った予測を行うことができる（図7）。このことは、「将来のこの時点でこの値を下回るのは確率2・5％程度である」といった形により、リスクの評価が可能になることを示している。このような情報はリアルな課題に対する意思決定のために必要不可欠である。

システム・ダイナミクスは、リソースの取り合いや追加・減耗を無視できない問題、人間や社会が絡む問題の扱いに適している。特

図7　外部パラメータを変動させることで幅を持った予測が可能になる（商品の目標納期と受注残の関係についての実際のシミュレーション結果例）

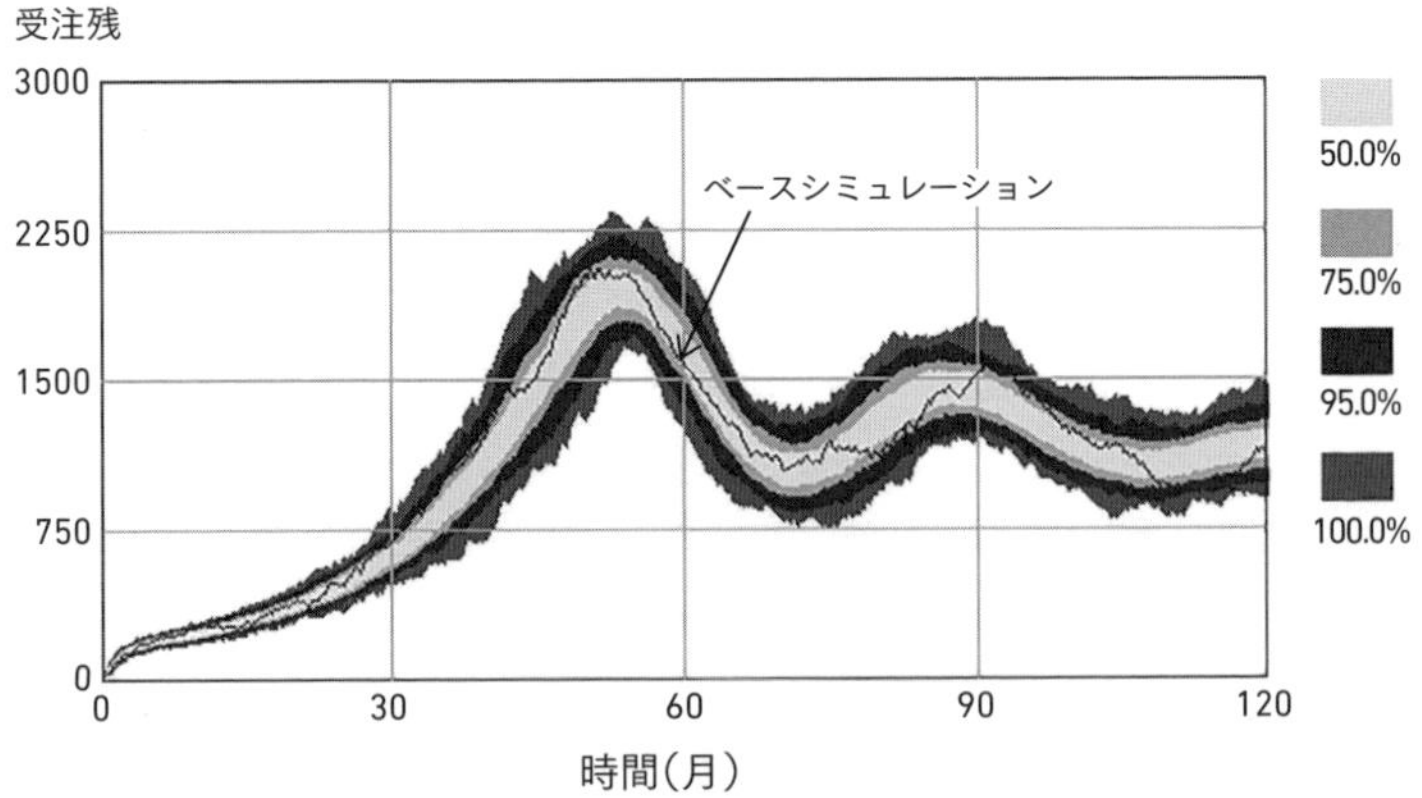

に時系列で変化する現象への対処や、改善・介入してもしつこく起きる問題への対策検討、介入の勘所を探る際に大きな力を発揮する。もちろん、単純な問題は古典的かつ単純なツールで対応することもできる。分析手法は課題に応じて適材適所で利用すればよい。

これまでシステム・ダイナミクスは、次に示すような多くの分野で用いられており、継続して適用範囲が広がっている。

製造業の周期的な好不況のメカニズムの解明と介入
最新防衛装備品開発プロジェクトの計画と管理
大規模な調達の問題点整理
環境開発計画
医療システムの改善計画
企業戦略立案
サプライチェーンの改革
企業の生産ラインの改善
プロジェクトチーム間のリソース配分計画

システム・ダイナミクスによるモデリング

システム・ダイナミクスでは、ある時点でのレベルや蓄積量を表す変数を「ストック」として長方形のアイコンを用いて表し、ストックの変化量は「フロー」としてバルブ付きの矢印で表記する。フローに影響を与える要素には、ストックの他に補助変数（コンバータ。定数も含む）があり、変数名のみ、あるいは丸いアイコンで示す。ストックからコンバータやフロー、コンバータからフロー、あるい

図8　ストック・フロー図のアイコン

種類	アイコン	どのような変数か
ストック	［ストック］	•たまっている量 •残っている量 •水準（例：能力、雰囲気など） •ある種のヒト・モノ・カネのうち、特定の状態となっている量
フロー	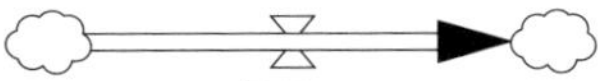 フロー 両端がストックにつながっている場合は、雲型ではなくストックの記号となる。	•ストックの変化量 •各時点のストックの増減分 •流入量・流出量（矢印の向きで区別する） •特定の状態間を推移する量
補助変数	（アイコンなし） 変数名のみ表示 （ソフトウェアによってはアイコン（○や◇）がある場合もある）	•あるストックまたはフローの表す値のすべて、あるいは一部を表す変数 •ストックやフローに分類できないもの •定数や外生変数
矢印	→	•変数の定義において、情報を提供する側から情報を利用して計算する側に向けて引く。（矢の先＝矢じりが刺さるほうが情報を利用する側） •因果関係でいえば、原因から結果に向けて引く（結果側が矢の刺さる側）

はコンバータ間で受け渡される情報は矢印で表記する。システムとして検討する範囲外とするフローの流入元・流出先は、雲形のアイコンを用いて表現する（図8）。これらのアイコンを用いて作成したシステム・ダイナミクスの図を「ストック・フロー図」と呼ぶ[※2]。

ストック・フロー図の具体例を示そう。生物の個体数のシミュレーションを行うモデルのストック・フロー図を示したのが図9である。死滅を考慮しない状況を考えると、個体数の増加量は、ストック「個体数」とコンバータ「増殖率」の影響を受けるフローとして表現できる。個体数の流入元はシステム外に設定し、雲形のアイコンで表記する。初期状態で個体数が多く、さらに増殖率が高ければ個体数はどんどん増えていくが、個体数が少ない、あるいは増殖率が小さいといった状況では個体数はさほど増えない。

図10は、初期状態の個体数を2匹、増殖率を0・02と設定してシミュレーションを行ったグラフで、この場合、100カ

図9　生物の個体数のシミュレーションを行うモデルのストック・フロー図

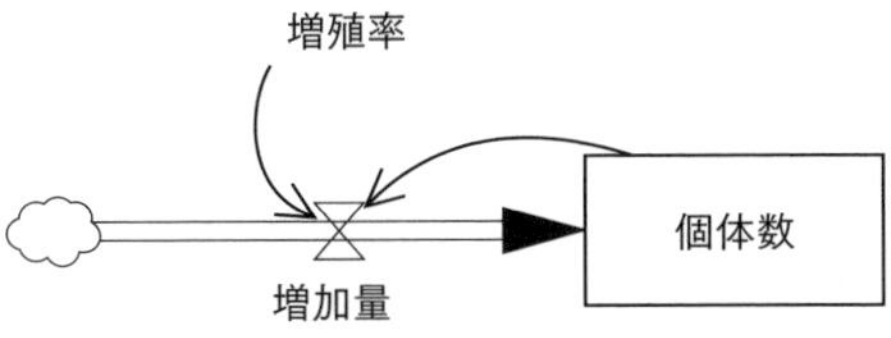

月経過した時点での個体数は14匹に増加することがわかる。この設定は簡単に変更することが可能で、初期状態の個体数を４匹とした場合には、１００カ月後の個体数は28匹、逆に初期状態を２匹のままで増加率を０・０３に設定した場合には、１００カ月後の個体数は38匹になる。

　ストック・フロー図への理解を深めるために、もう一つ例を示そう。あるイベントが終了して、その会場にもう人が入ってこないという状況を考えてみる。イベント会場からは人が出ていくばかりだが、出口に近い人はすぐに出ていき、遠い人は出るのに時間がかかる。つまり、人の流出には時間がかかり、それにはばらつきがある。ただ、ばらつくとはいっても人が出ていくま

図10　初期状態の個体数を2匹、増殖率を0.05と設定してシミュレーションしたグラフ

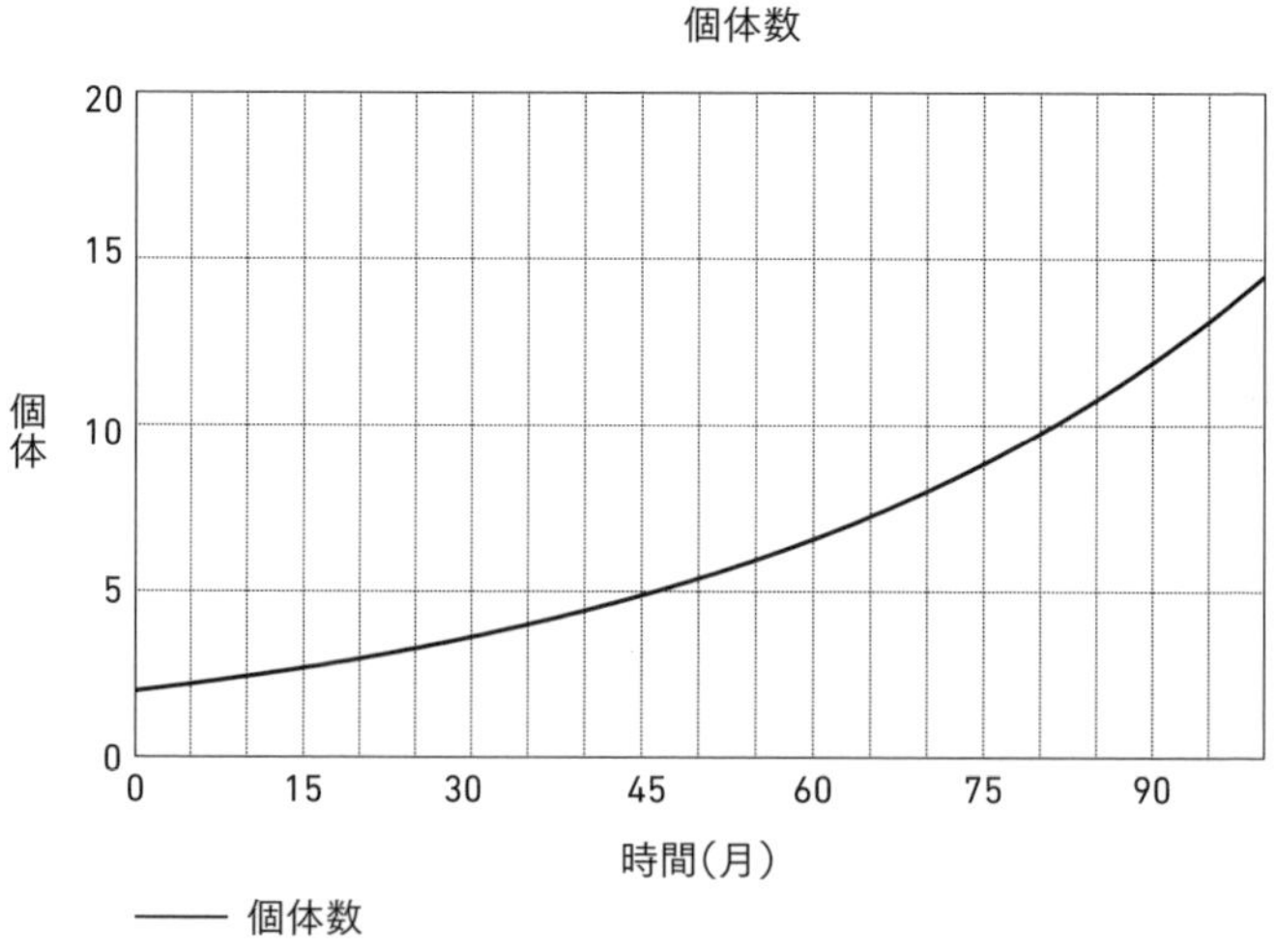

での時間の平均は取得できる。ここではこの平均の値を滞留時間と呼ぶことにする。この状況をグラフにすると、生物個体数の増加とは逆に、人は減る一方になる。その詳細をストック・フロー図とシミュレーションを用いて読み解くと次のようになる。

フロー「退出人数」は、ストック「会場内の人数」とコンバータ「滞留時間」の影響を受ける（図11）。ストックの初期値を１００、平均滞留時間を10としてシミュレーションを行うと、平均滞在時間でストック初期値の63％が流出、また、平均滞在時間の70％経過時にはストックが半分になるといった結果が得られる。このモデルでも、滞留時間の設定は変更することが可能で、それぞれの値に沿ったグラフを簡単に描くことができる（図12）。実際の業務では、こうした図に基づいて会場への最終入場時刻と会場の閉鎖時刻などを検討できる。

図11　イベント会場の退出のシミュレーションを行うモデルのストック・フロー図

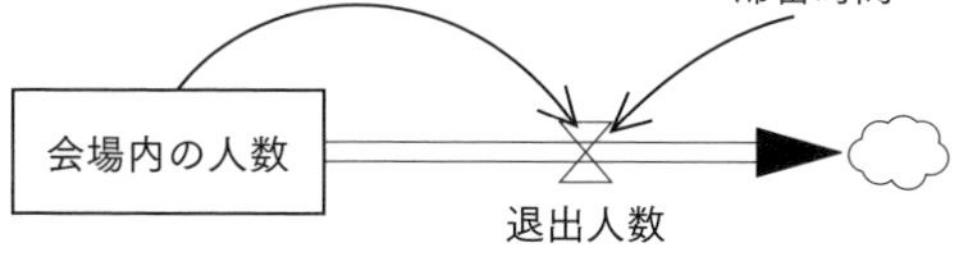

過剰投資を防ぐための最適解を探る

需要が年率10％で伸びている市場があると仮定してみよう。初年度の需要は10億円分で、現時点で5億円分の需要に応えるリソースがある場合、どのくらいのペースでリソースを整備してモノやコトを供給すると需要に応えることができる最適な投資を行うことができるだろうか。

この状況をシステム・ダイナミクスでモデリングすると図13のようになる。[※3] フローは二つあるが、上のフローは市場の成長率と需要から決まるもので、生産側からコントロールすることはできないものとする。一方、下のフローは生産側のリソース調整フローとなる。このうち「トータルのギャップを何期（何年）かけて解消するか」と

図12　滞留時間の設定を変更してシミュレーションしたグラフ

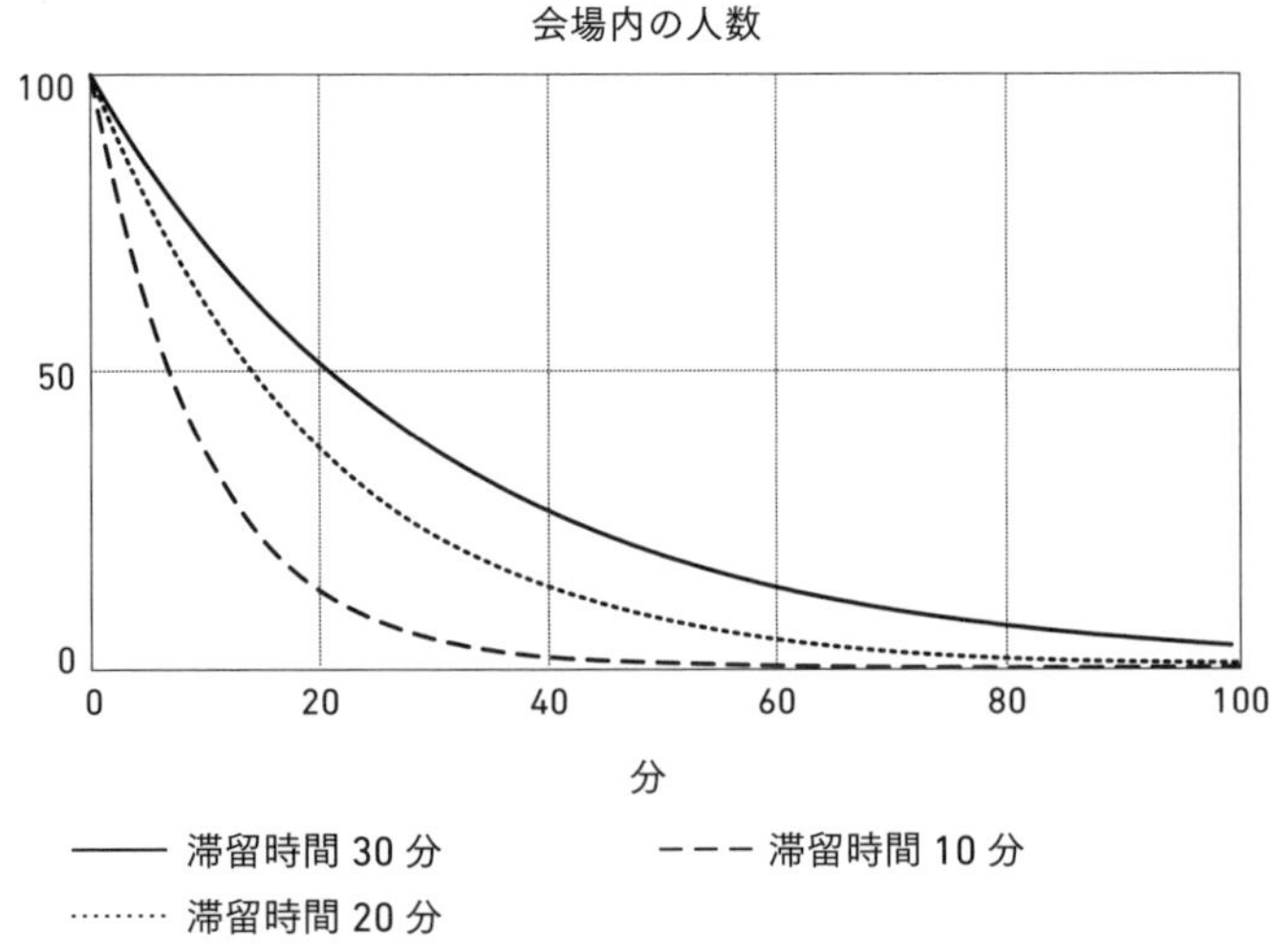

いう経営判断でかかる時間と、「リソース調整にかける時間」という現場レベルでかかる時間の2点について、値を変えたときの市場の需要と供給能力ギャップを検討する。

このストック・フロー図に基づいてシミュレーションした結果を図14に示す。現場の対応が間に合わないときに経営判断を急ぎすぎても、一時的に投資がオーバーしがちになるといった大まかな傾向は見られるものの、これも市場の成長率が変わると状況は一変する。調整にかけるべき時間は成長率と密接に関係しており、人の反応のしかたがリソースの蓄積に対して想像以上に複雑な影響を与えていることが次のように読み取れる。

図13　需要が年率10％で伸びている市場のストック・フロー図

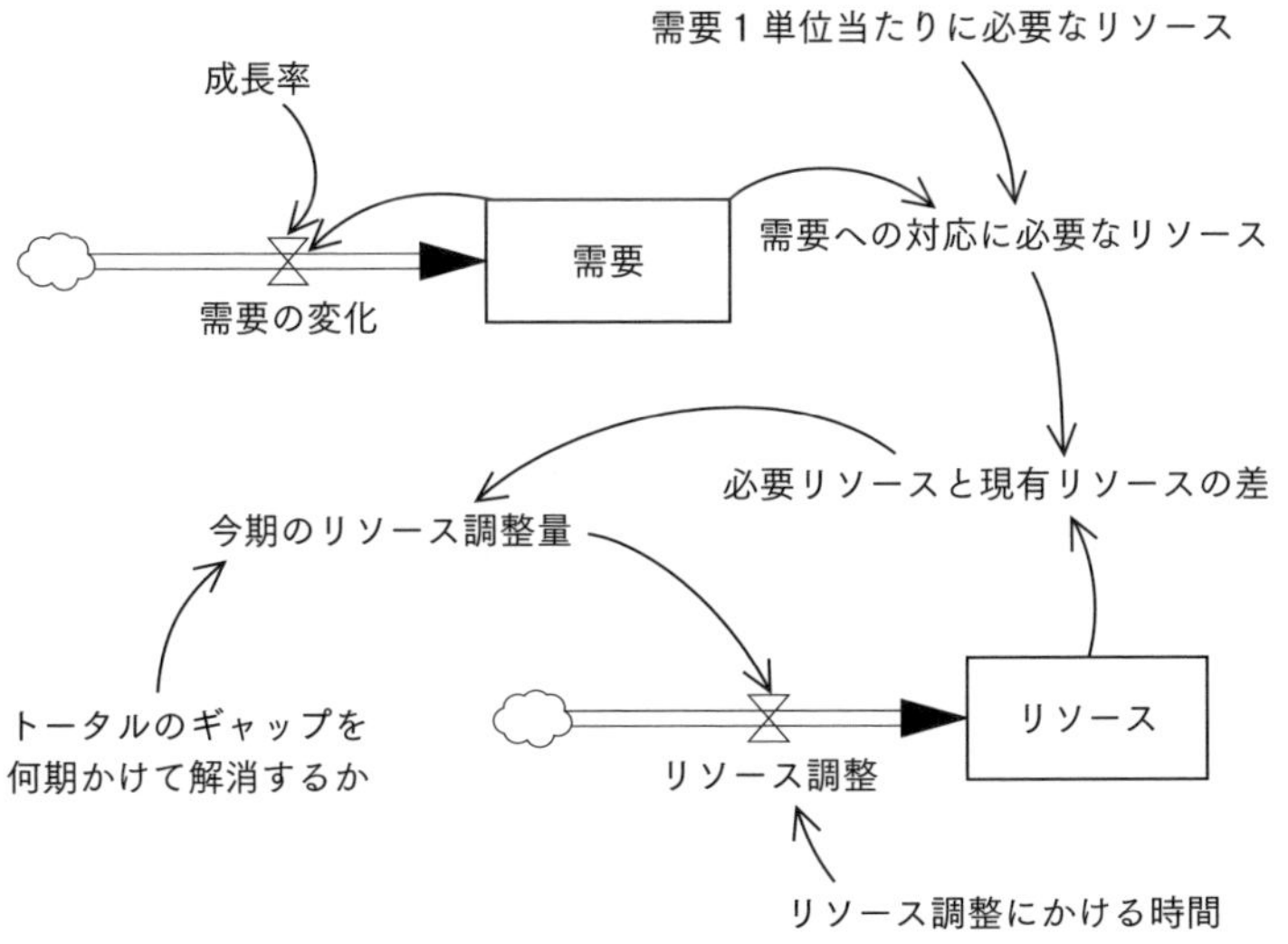

成長率が10％の場合だと、どちらの遅れも短いほうが目標（ここでは需要。黒線）に素早く近づき、ほんの少し目標を追い越すもののその後はほぼ安定して需要と対応するためのリソースが一致し、同じスピードで推移している。しかし、成長率が低い（1％の）場合は、リソースのオーバーシュート（行きすぎた変動）は著しい。ただでさえも低成長でリソース余りが経営負担になるときに、余計な投資をすることも問題だが、社会やビジネスの問題の場合、一度生み出したリソースは簡単に捨てられないことも問題である。シミュレーションではその後調整が続いていくが、社会では過剰リソースを調整しきる前に、悲劇的な結果（企業の倒産や社会不安）が起き得る。低成長の場合はむしろ、経営の遅れを長めにとるほうが良いようである。ただ、現場の遅れも一緒に長くしてしまうとやはり大きなオーバーシュートが起きることがわかる。

もちろん、このモデルはいわば「教科書的」モデルである。例えば、リソースの過剰は需要をむしろ高めるかもしれない。そういった効果を無視してはいるものの、直接観察中の変数だけではなく、他のつながっている要素を含めてシステムとして検討すべきという示唆は、重要なものといえよう。

また、このモデルでは成長率を明示的に与えており、またモデルを我々は見てしまっているので、あたかも成長率を正確に知ることができるように思われるかもしれない。しか

図14　リソース調整のシミュレーション結果

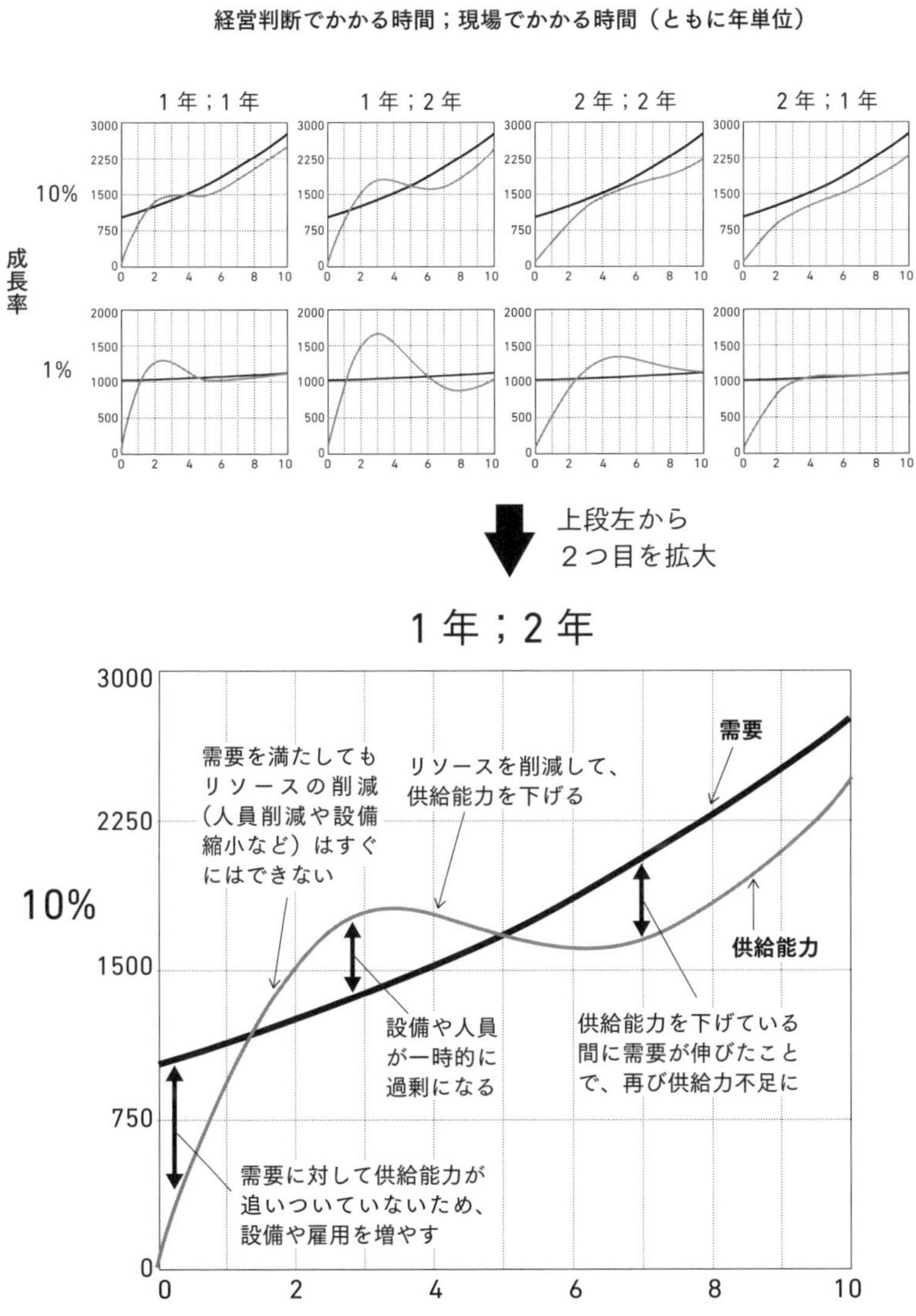

し、現実には成長率は経済環境が変化した結果から計算される値であり、少なくともリアルタイムに正しい値を得ることはあり得ない。もちろん、同時的、あるいは事前に「予測」することはあるだろう。しかし、その場合でもその予測の種は成長率そのものではなく、実際の市況やビジネスのその時点までにわかっているさまざまな情報がもとになっている。つまり、予測をするか否かにかかわらず、我々は「その時点に手にすることができる情報のみを頼りにしている」のは事実であり、リアルタイムな成長率に基づいて対応することはできない。そうであれば、先の例でいえば、成長率のような「大ヒント」を探し求めるのは徒労に終わるに違いない。むしろ、分析対象や

図15　12カ月周期で増減を繰り返す店頭在庫のストック・フロー図

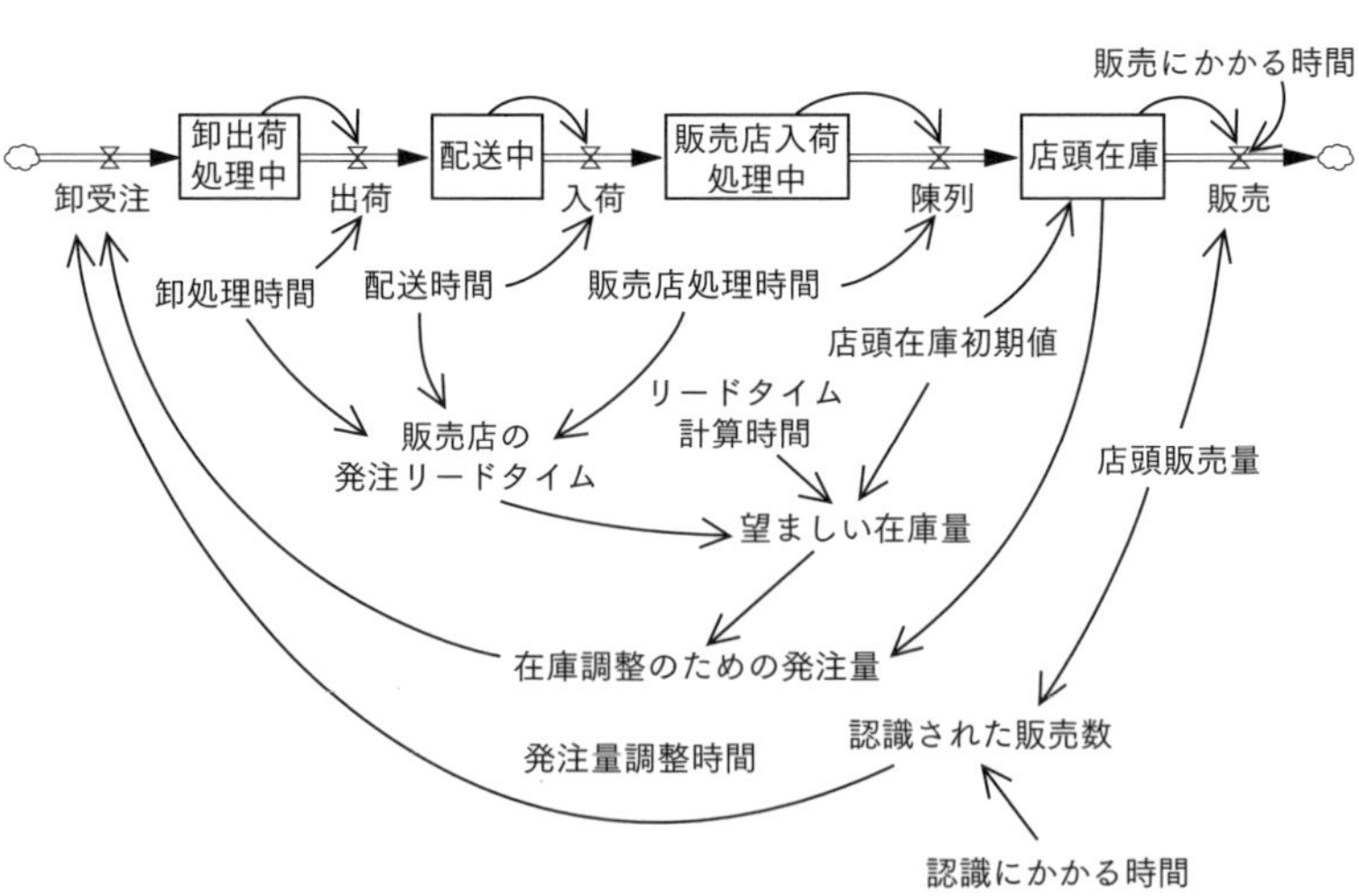

介入対象の内部をシステムとして観察して深く理解し、シミュレーションによってその理解の適切性を確認するとともにさまざまな施策を検討することが、今日の複雑かつ不確実な世界の課題を解決することに役立つのである。

先に紹介した12カ月周期で増減を繰り返す店頭在庫は、図15に示すモデルを用いて実施したシミュレーションの結果である。ここでは配送時間、卸処理時間、販売店処理時間などのタイムラグを合わせて3カ月と設定している。その結果、卸発注→卸出荷処理中→出荷→配送中→入荷→販売店入荷処理中→陳列→店頭在庫→在庫調整のための発注量→卸発注で構成されているループ（図16）においておよそ12カ月周期の波

図16　店頭在庫にかかわるループを構成する処理

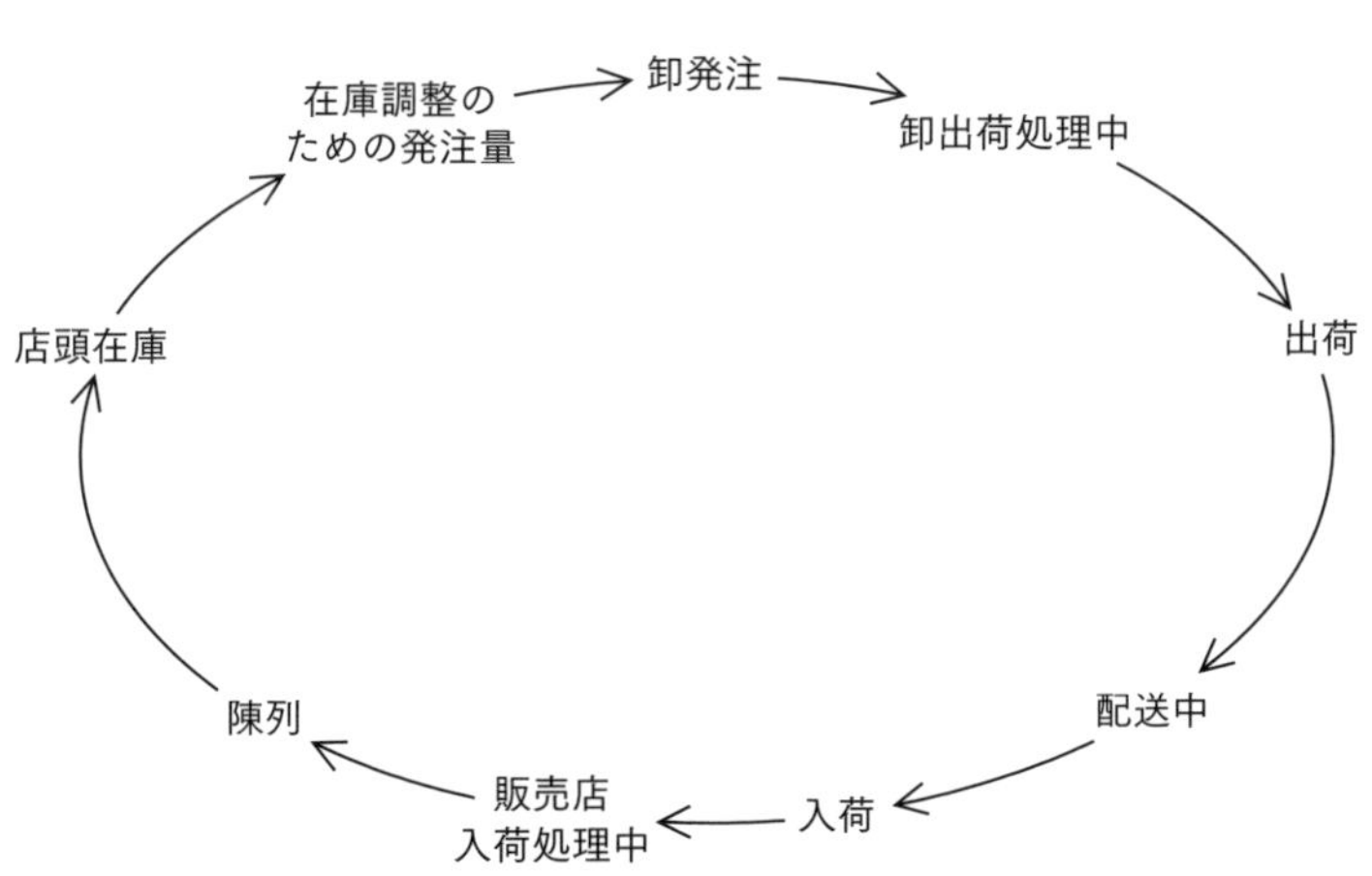

が発生し、在庫量が少ない時と多い時で最大4倍程度の差が出ることになった。このようにシステム・ダイナミクスによるシミュレーションを行うことで、原因が見えにくかった業績の変動などを明らかにすることができる。[※4]

最後に、実際の業務に即した事例でシステム・ダイナミクスによる検討を行った結果を見てみよう。

図17は、ハイテク部品メーカーの在庫管理部門におけるストックとフローを、ストック・フロー図に描いたものだ。在庫管理部門では、営業担当者の受注量と生産能力を想定し、それに従って出荷（販売量という変数の値）[※5]の計画を立てていく。もし、受注量と生産能力が想定通りであれば、大きな波が発生することなく、安定した生産体制をとることができる。受注残は

図17　IT部品メーカーの在庫管理部門におけるストック・フロー図

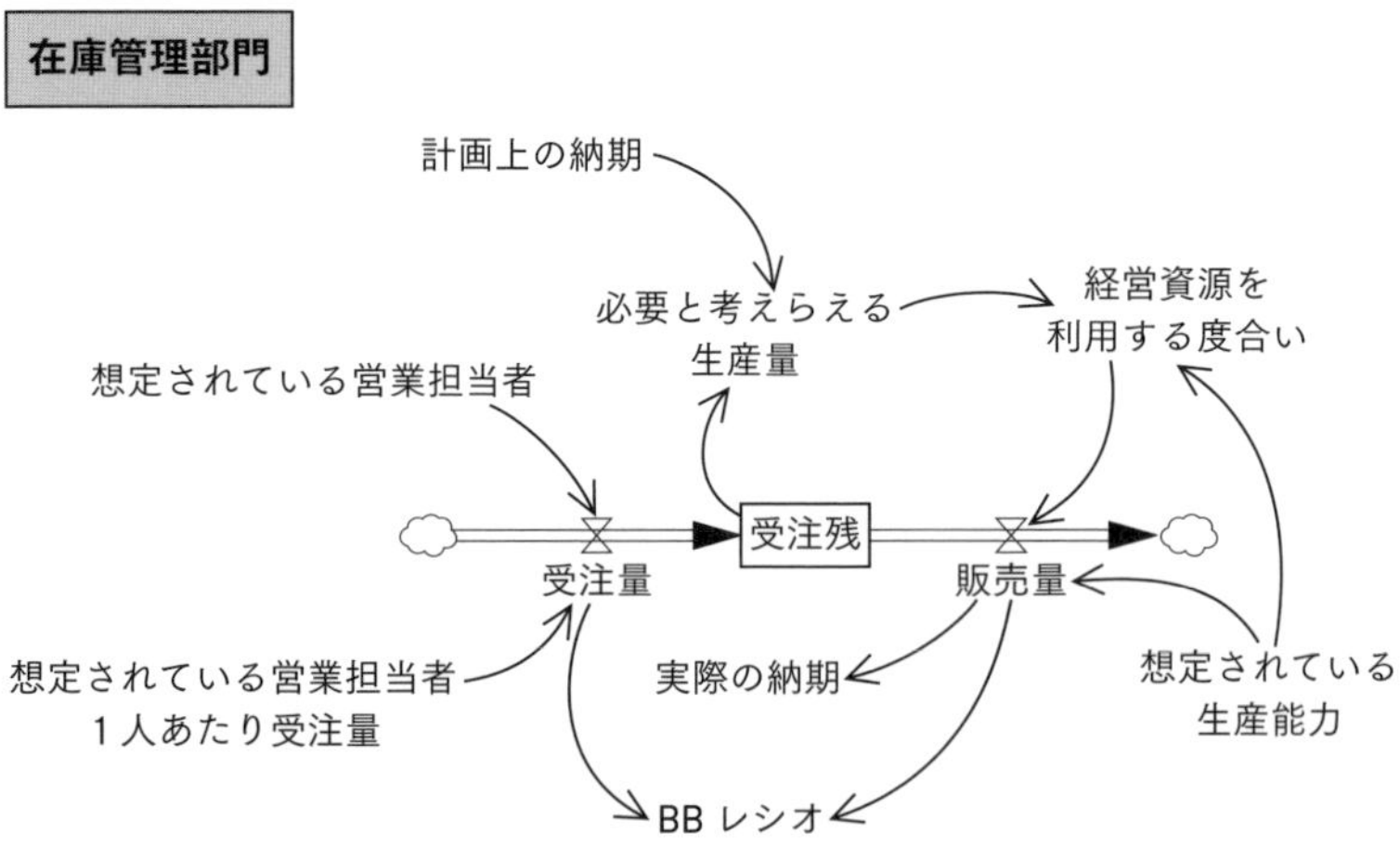

図18のグラフに示すように、一定の値で安定する。

しかし、実際の業務では営業部門や製造部門、市場など、いくつもの要素が複雑に絡み合っている。実際の受注量は営業担当者の人数に影響を受け、営業担当者の人数は直近の売上額に影響を受ける（図19）。一方、製造部門では会社で設定している納期と実際の納期の差を見て必要な生産能力を計算し、生産量を調整する（図20）。それによって実現している生産能力は、そのまま商品の在庫量に影響することになる。実際には在庫管理、営業、製造部門に加え、会社の外部である市場（図21）までを含む、大きな「システム」が形成されていたのだ（図22）。その場合、安定しているはずの受注残が大きな波を打つような挙動を示すような状況が起きてしまう

図18　受注残のグラフ

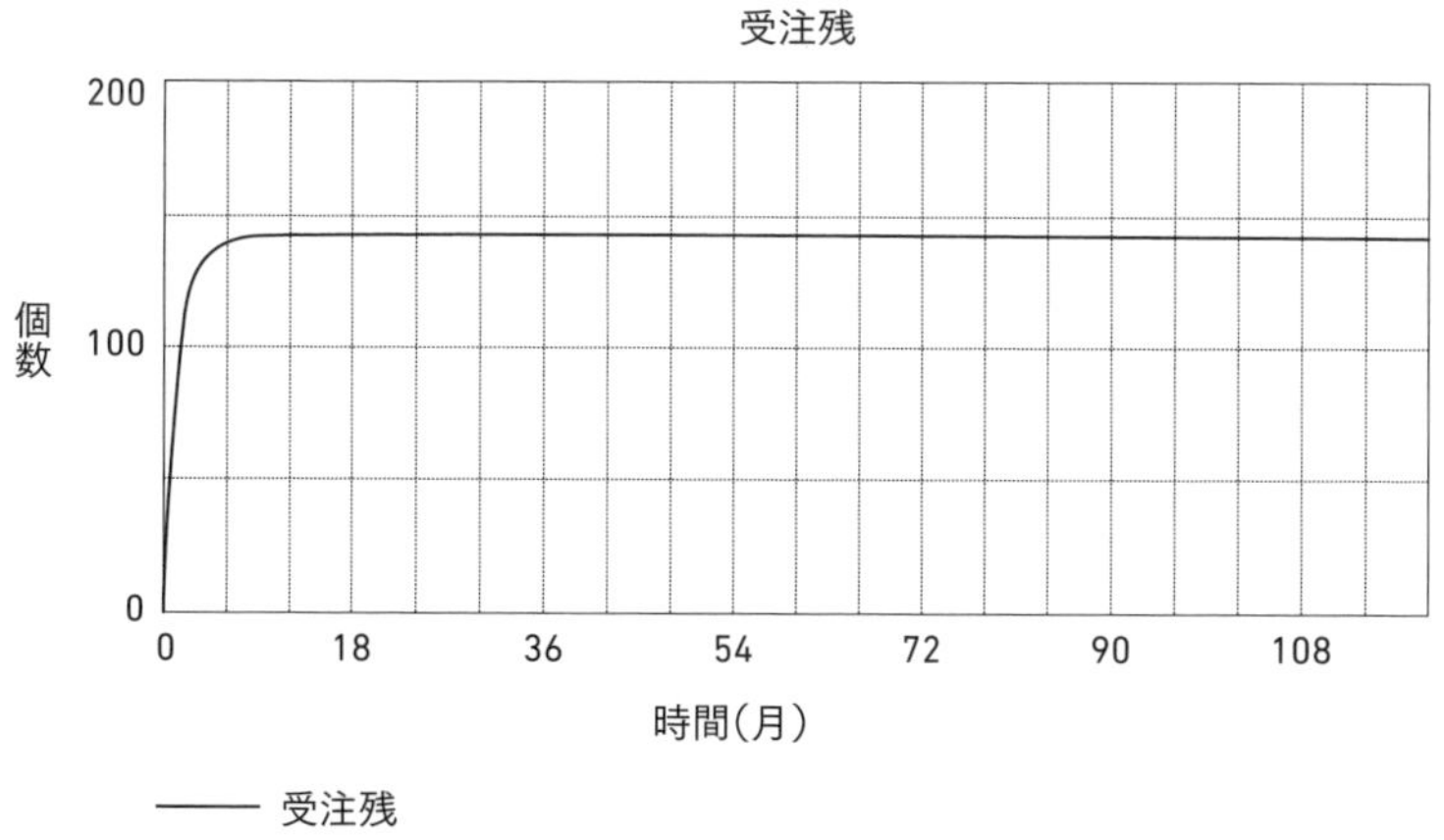

ことになる。

こうした事態を防ぐには、何が原因となってこの波が発生しているのか、シミュレーションを繰り返して原因を見極めていく必要がある。ここでは、納期の認識にかかる時間や生産能力の調整にかかる時間などの社内で決められるパラメータに着目し、これらの値を変えることによって受注残がどのような挙動を見せるか検討を行った。さまざまに条件を変えてシミュレーションを行ってみると、生産能力の調整に時間をかけたほうが変動を少なくできるというような一見直感と反するような結果も出ているが、これは状況に一喜一憂、あわてて対策に走るより、市

図19　営業部門におけるストック・フロー図

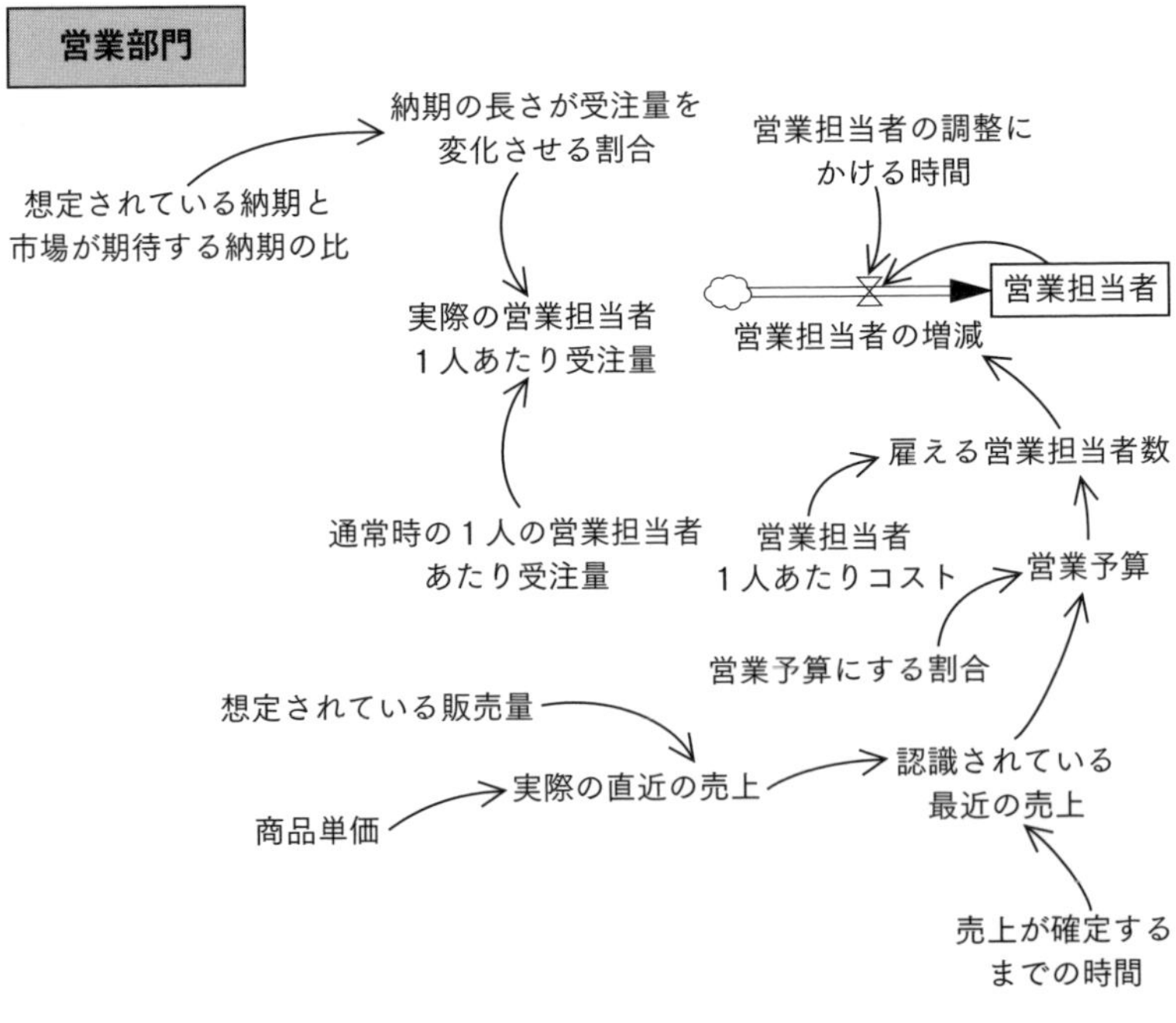

図20　製造部門におけるストック・フロー図

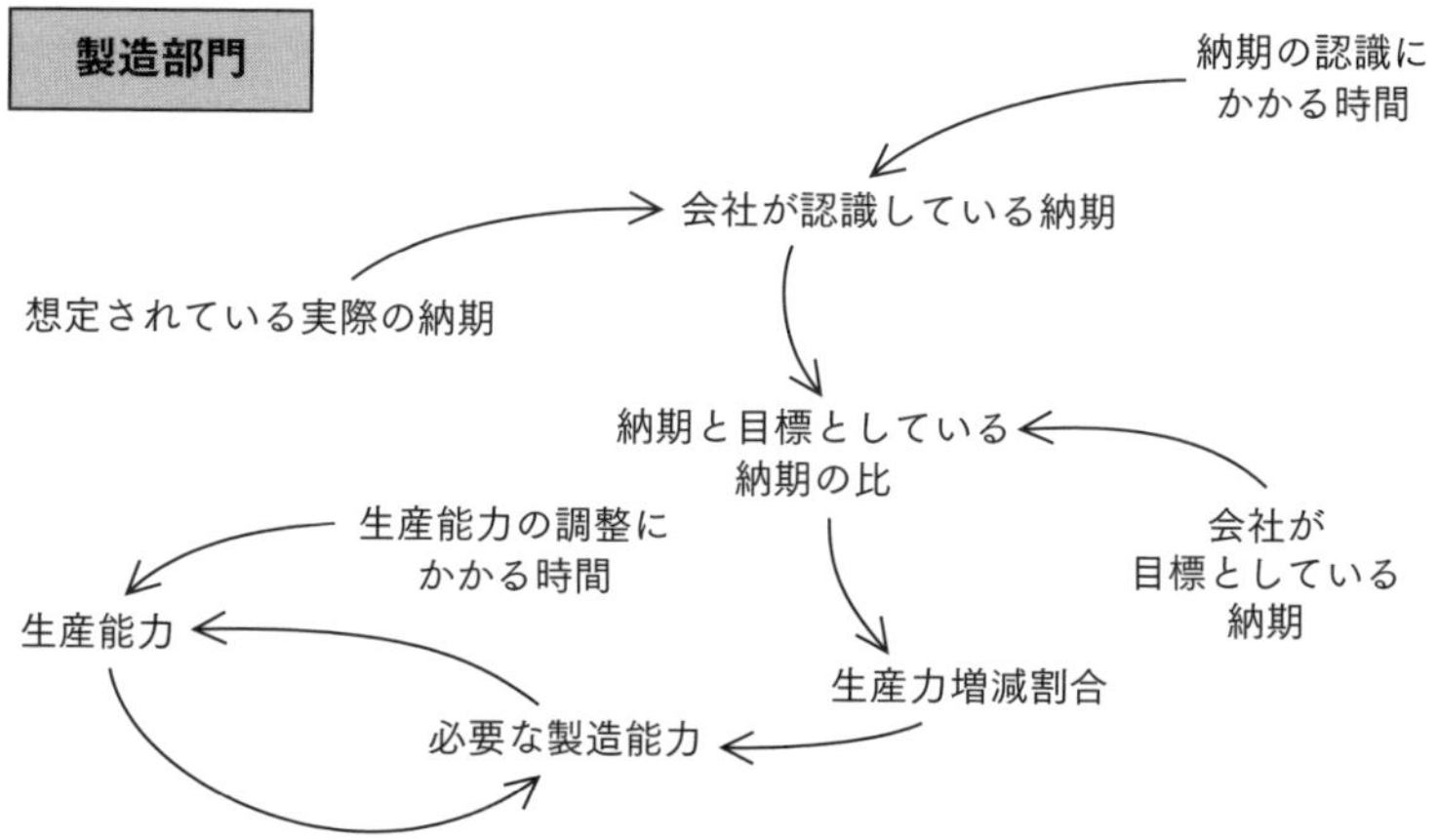

図21　市場におけるストック・フロー図

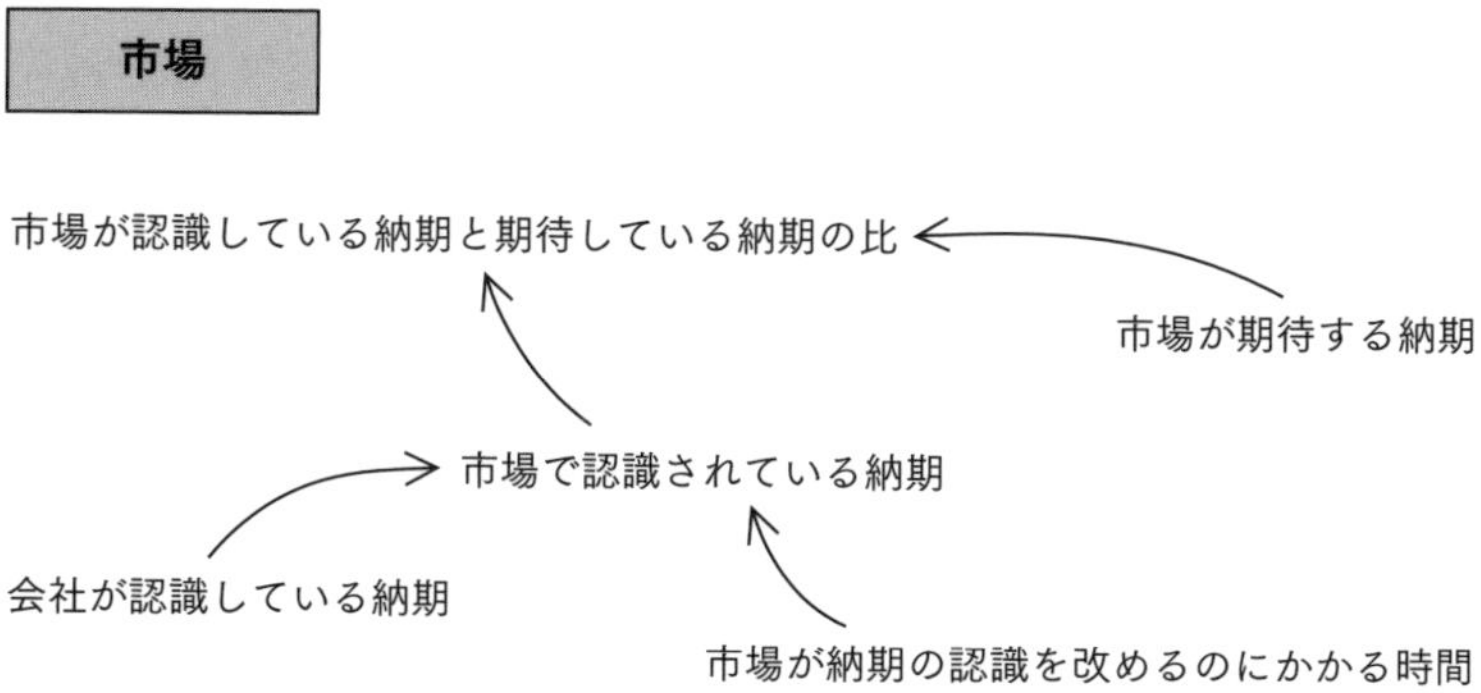

図22　大きな「システム」が形成され、その結果として安定しているはずの受注残が大きな波を打つような挙動を示すような状況が起きる

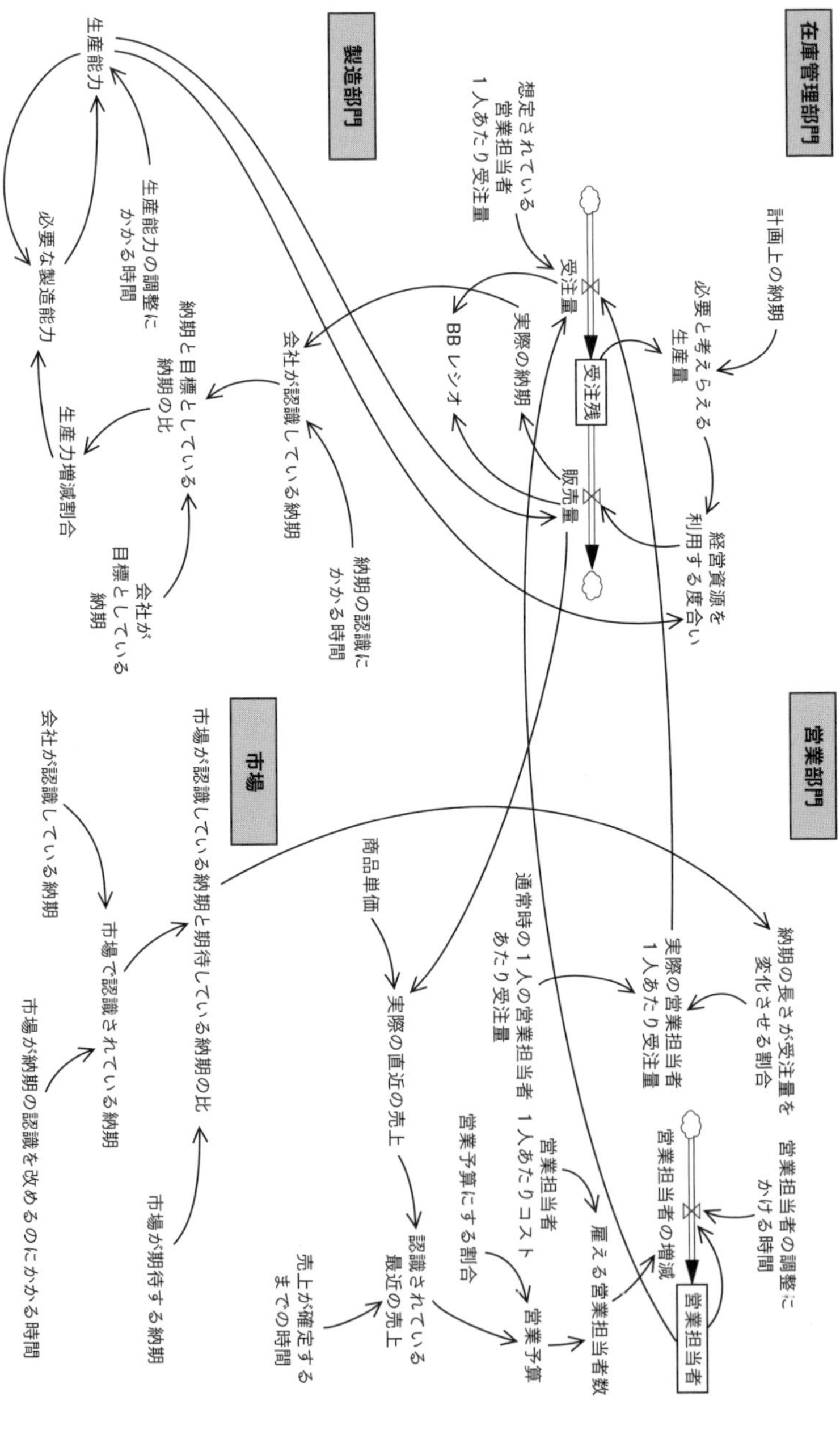

場や在庫などの様子をじっくり見定めて、結論を出すまで一歩待ったほうが変動幅を少なくできるといったことを表している。

また、こうしたシミュレーションにおいては、市場の期待する納期やその認識を改めるのにかかる時間などの外部環境が変化すると、得られる結果は異なってくる。外部環境にある程度の幅を持たせることで、結果にもある程度の幅を持たせることができる。実際の業務においては、これらの結果を総合的に判断しながら経営方針を立てていくことになる。

具体的数値に基づいて適切な判断を下す

先に紹介した需要と供給能力のシミュレーション結果は、繰り返しになるが、状況に一喜一憂してあわてて対策に走って右往左往するより、市場や在庫などの様子をじっくり見定めて、結論を出すまで状況の推移を見守るほうがうまくいく場合があることを示している。多忙なビジネス環境にあっては「とにかく早く（速く）」と考えがちだが、趨勢を見極めることはとても大切だ。また、このことは物事を「一気に進める」ほうが良いのか、「じっくり（あるいは目立たずに）進める」ほうが良いのかという判断ともいえる。

結局のところ、介入して変更する対象はシステム内のどのようなところに位置するのか、そしてその影響はどのようにどこに伝わるのかを、まさに「システム」として捉えて深く検討しなければ、適切な方法を選び取ることはできない。

こうした検討は、人間の頭脳と紙とペンだけではうまくいかないことが知られている。だからこそ、システム・ダイナミクスなどのコンピュータを用いたシミュレーションを行うことで、「どの程度どっしりと構えるべきか」「一気に迅速に、といってもどの程度のボリュームをこなせばよいか」について、カンではなく具体的かつ定量的な数値として計算することが大切といえる。

注釈

※１　MIT Sloan School of Management System Dynamics
https://mitsloan.mit.edu/faculty/academic-groups/system-dynamics/about-us

日本システム・ダイナミクス学会（ＪＳＤ）
http://j-s-d.jp/web/sd/

※２　本書のシステム・ダイナミクスのストック・フロー図およびグラフは、米国Ventana Systems, Inc.のソフトウェアVensim Professional ver. 7を用いて作成した。
http://www.vensim.com
システム・ダイナミクスのシミュレーションを行うソフトウェアは、いくつかの企業からスタンドアローンとクラウド共に多数リリースされている。それぞれ特色があるが、アイコンや多くの関数名などは共通している。

※３　小林秀徳著『政策研究の動学的展開』（白桃書房、２００２年）９ページに示されているモデルを基にしている。本書とは異なる切り口の示唆も述べられている。

※４　企業の実際の在庫管理においては、大きな振動を抑えるようにさまざまな工夫がなされている。

※５　J.D Sterman, Business Dynamics, McGraw-Hill Education（2000）15・5節のモデル。その日本語版の『システム思考』（東洋経済新報社、２００９年）では8・6節にある。

補章

ケーススタディ

システム思考を用いた新製品プロジェクトの分析

筆者らは富士通株式会社（以下、富士通）とともに、「企業へのシステム思考導入」について調査を実施した。その活動のなかで、住友理工株式会社（以下、住友理工）にてシステム思考のワークショップを行った。ここではその一端を紙上で再現し、システム思考を実践する際の具体的な様子とポイントをお伝えする。なお、このワークショップでは、住友理工が実際に開発している製品とそのマーケティングに関する分析を取り上げた。

ワークショップでは、はじめに何を検討課題としているかを確認した。以下、筆者らと住友理工とのあいだの対話を再現したものを交えてお伝えする。なお、読みやすさのために大幅に簡略化していることをお断わりしておく。

筆者：御社では今何について検討を進めていますか。

住友理工：新しい技術を利用した新製品を投入したいと考えています。しかし、過去に似たような製品が無いので、今立案している計画が果たして妥当なのか、また妥当だとするとそれはどのようなリスクがどの程度あるのかなどを知る方法が欲しいと思っています。

筆者：なるほど。それではその製品そのものを設計しようということではなくて、製品投入から先の「御社と顧客、あるいは市場との関係について」が関心の対象ですね。それでは、システム思考の手法のうち、ＳＶＮと要求分析、そしてシステム・ダイナミクスのシミュレーションを使ってみることにしましょう。

　では早速始めましょう。今回の製品はどんなものですか。

住友理工：自動車に取り付ける機器です。さまざまな自動車を利用している会社に使っていただけると思っています。

筆者：なるほど。ここではそういう顧客になりそうな企業を取引先と呼ぶことにしましょう。また、その機器を製品と呼びましょう。では、皆さんのカウンターパート（対応相手）は取引先ということになりますね。

住友理工：取引先に私たちが製品を提供して、取引先からは代金をいただくので、図１のようなＳＶＮになりますね。

筆者：はい。そういうことになりますね。では、その製品の製造にあたっては、誰かに制約されたりすることはありますか。

住友理工：製品のパーツとして、ある電子回路部品を使う

図1　SVN（その1）

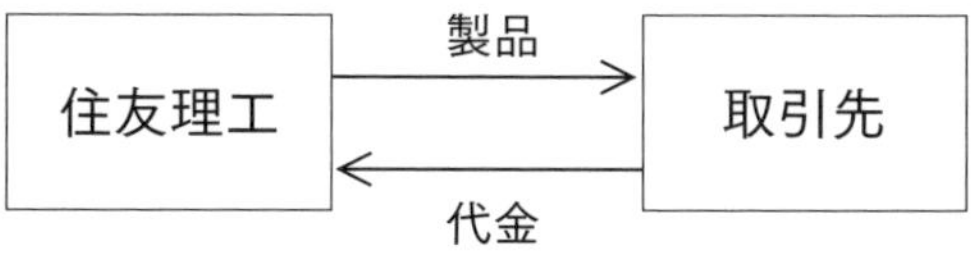

のですが、その電子部品が品薄になることがあります。そのため、安定供給の維持に苦労することがあります。

筆者：では、電子部品供給者もステークホルダーですね。

住友理工：するとSVNはこんな感じでしょうか（図2）。

筆者：その通りです。

このような形でSVNを形成していくと、徐々に製品とそれを使ったビジネスにかかわっているステークホルダーが見えてくる。「誰が誰の活動に影響を及ぼしているのか」は、自明のようでいて自明ではない。書き方の定まっている図を用いて整理することで、勘違いや部署による認識の差を見つけることができ、問題を未然に防ぐことができる。

クライアント（ここでは住友理工）が十分ステークホルダーを挙げることができたと考えたところで、要求分析に

図2　SVN（その2）

移る。

住友理工：後で作りたいと思っているシステム・ダイナミクスのモデルでは、これらを変数として使うのですか。

筆者：そういう場合もあります。でも、そうならない場合も多いのです。ここではそれをはっきりさせるため、要求分析を行いましょう。

住友理工：取引先は何を要求しているか、を考えるのですね。取引先はわが社の新製品を評価してくれると思いますから……。

筆者：確かに御社の製品に対する関心は高いかもしれませんが、製品を購入することが目的ではないですよね。本来の目的と要求があって、御社の製品を購入するのではないでしょうか。

住友理工：そういうことでしたら、取引先にとっては、（車を運転する）従業員の安全確保が外せない「要求」だと思います。

筆者：そういう外せない要求は「機能要求」ですね。取引先の機能要求は「運転者の事故率を下げること」であるというわけです。事業収益を機能要求とすると安全性をその非機能要求と考えることが多いのですが、ここでは御社の製品についての第一の目的は安全性の向上であり、これを「機能要求」と考えましょう。御社の製品が、この機能要求を満たしてそのコストが見合うなら、取引先が購買してくれるというわけですね。取引先は「よりこうであれば住友理工の製品を選びたい」といった条件や好みはあるのですか。

住友理工：最近は安全重視の機運が高まっていますし、社会への責任もありますから、いざ使うとなったら必要な数をすぐに用意できることは重要だと思います。

筆者：なるほど。納品の確実性や納品までにかかる時間という感じですね。こういう、望んでいる機能そのものではないものの、満たされるとより好ましいという条件が「非機能要求」になります。

このようにして、クライアントとともに、どんな量や情報に注目すべきかを洗い出していく。その後、さまざまな機能要求と非機能要求を見つけていった。

機能要求と非機能要求を十分挙げたとクライアントが考えたら、いよいよシステム・ダイナミクスのモデル構築となる。今回は当該製品の売上が関心の的になっているということなので、それを生み出すものが変数として必要である。それはもちろん、売れた台数や単価など、すぐに思いつくものもたくさんあるはずだ。しかしここで忘れてはいけないのは、機能要求や非機能要求がシステムの振る舞いに影響を与える可能性が高いということである。すなわち、機能要求や非機能要求、あるいはそれらに影響を与えるものを変数としてモデルに組み込む必要があることが多いということである。

今回は、SVNを描いた段階でステークホルダーとしての企業が挙がっていた。しかし、要求分析をしてみると、顧客は欲しいとなったらすぐに手に入ることを気にしていて、それについては部品取引先の納品率が影響を与えることがわかった。そこで、これらを変数として組み込むことにした。

ここでは住友理工のビジネス戦略に関係した情報を書くことは望ましくないので詳細なモデルの概要は示さないが、最終的に得られたシミュレーション結果を可能な範囲で示しておく（図3）。

このグラフでは、はじめに住友理工から提示されたパラメータ（単価など）により計算した当該製品の売上が実線で示されている。なお、縦軸（売上）の単位については戦略情報なので、単位を示さないことをお許しいただきたい。

住友理工：なるほど、初年度の売り上げがこの程度で、そのあと少し停滞するもののその後にやっと立ち上がる感じですね。8年目を迎える頃になると売り上げの伸びがより鈍くなっているようです。どうしてでしょうか。

筆者：そういう振る舞いの理由はもちろん与えたパラメータにも依存しますが、動きそのものについてはフィードバック・ループの影響が大きいのです。モデルの図を見て、因果関係を追ってみましょう。

コンピュータが提示したグラフは「ご神託」ではない。モデルのパラメータや因果関係に問題がないか、じっくり確認する必

図3　最終的に得られたシミュレーション結果

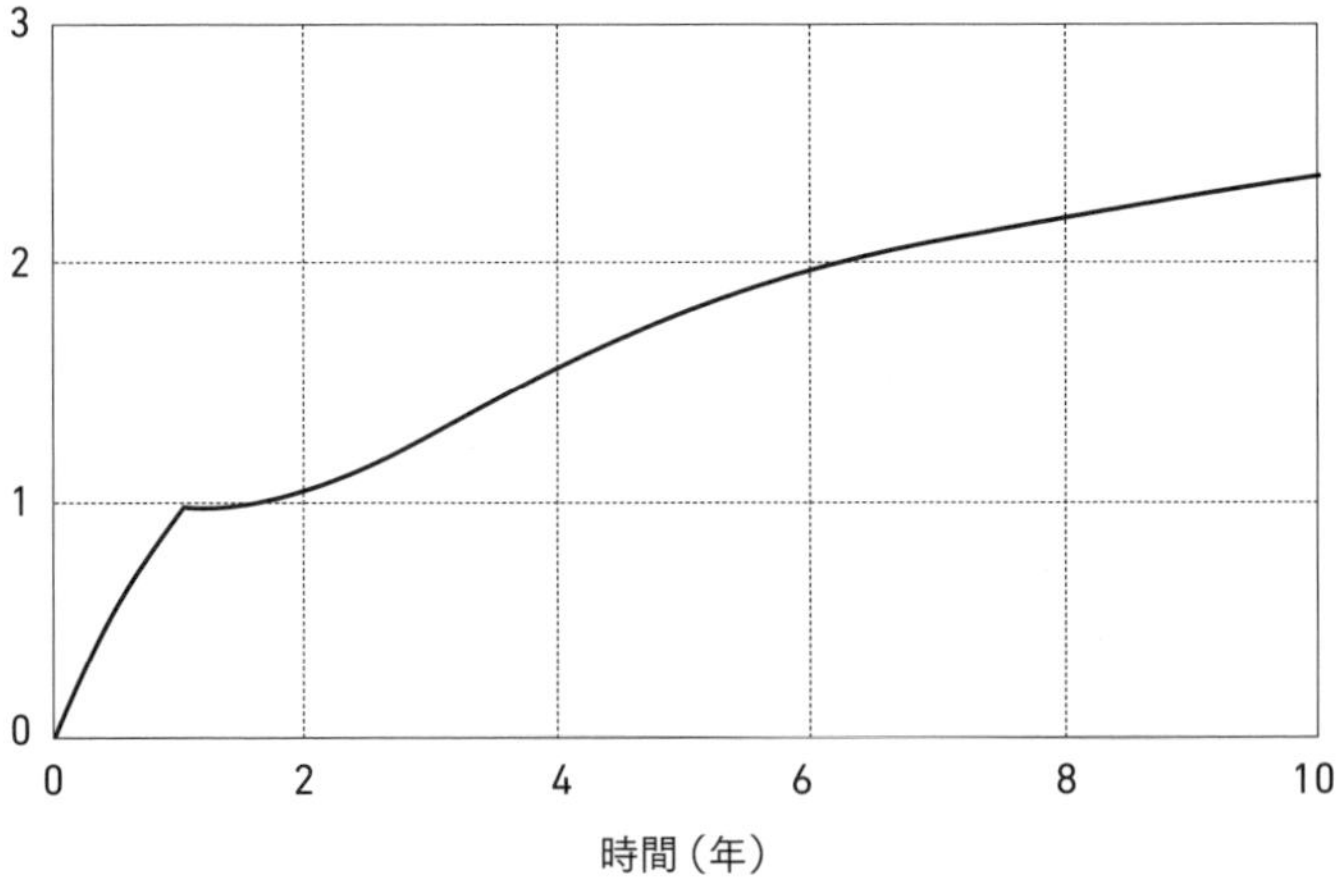

要がある。

住友理工：部品の納品が滞るとどうなるのでしょうか。

筆者：そういう「もしも、こうだったら」というシナリオ検証は、コンピュータ・シミュレーションの得意とするところですよ。

ここでは納品される部品が半分しか届かなかった場合をシミュレーションしてみた（図４）。

実線は先に提示したもとのパラメータのままで、点線は納品率を０・５倍としたものである。単に下がるだけでなく振る舞い、

図4　納品される部品が半分しか届かなかった場合のシミュレーション（点線）

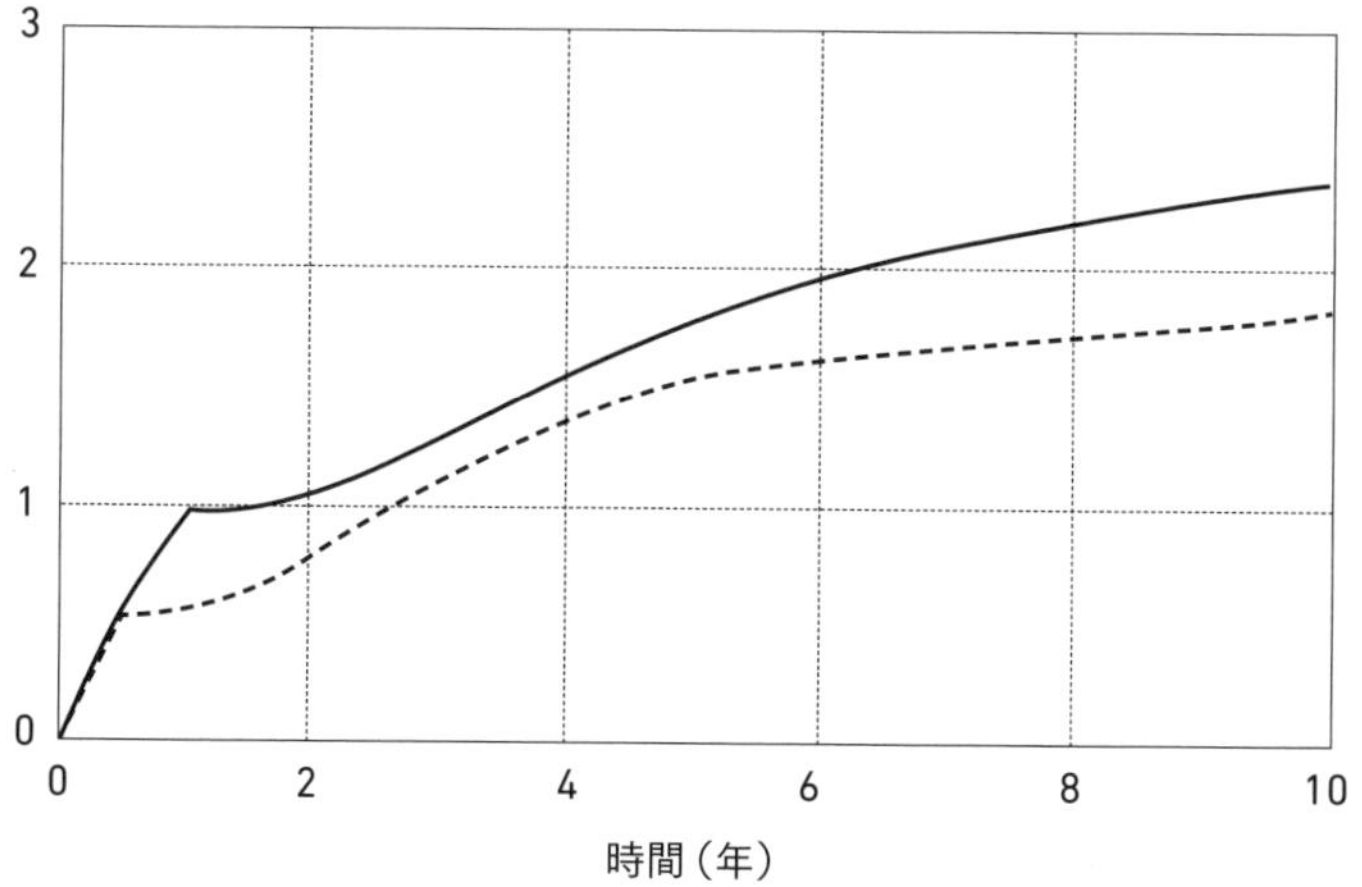

変化の時期や勢いに差がある。どうしてそうなるのかについても、もちろん検証を行う。

住友理工：実際に始まってみなければわからないパラメータがいろいろとありますよね。そういうものがどのような影響を与えるのかも知りたいのですが。

筆者：感度分析を使って検証してみましょう。

感度分析は、ある定数を乱数（実行するたびに変わる数。バーチャルなサイコロと考えればよい）に置き換えて多数回（ふつうは200回以上）実行し、それぞれの結果がどのように分布するかを調べるものである。一つひとつの不確実なパラメータについて、どのような範囲の値になるかを想定し、関心のある変数（先の例では売上）が分布する範囲を調べる。また、同時に複数の不確実な要素を乱数に変えて、関心のある変数がどのような範囲に分布するかを調べることもできる。

ここでは「一度製品を購入したものの、利用を中止する確率」と「部品の納品率」を乱数にしてシミュレーションを実行した結果を示す（図5）。

ここでは５００回シミュレーションを行った。１年目から実際の売上が上がるので、ばらつきが出るのは1年目からである。中央の範囲はすべてのシミュレーションのうち、中央50％（中央50パーセンタイル。すなわち、２５０回）分のシミュレーション結果が含まれている範囲である。

同様に、中央の一つ外側の範囲に75％、さらに外側の範囲に95％、一番外側は残りの稀な結果である。つまり、中央から二つ外側の範囲を下回る（10年目で１・７を下回る）のはシミュレーション上２・５％しかないということになる。利用を中止する確率が高く、納品される割合が低いという好ましくない状態になったときに、10年目に売り上げが１・７を下回るのは確率２・

図5　「一度製品を購入したものの、利用を中止する確率」と「部品の納品率」を乱数にしてシミュレーションした結果

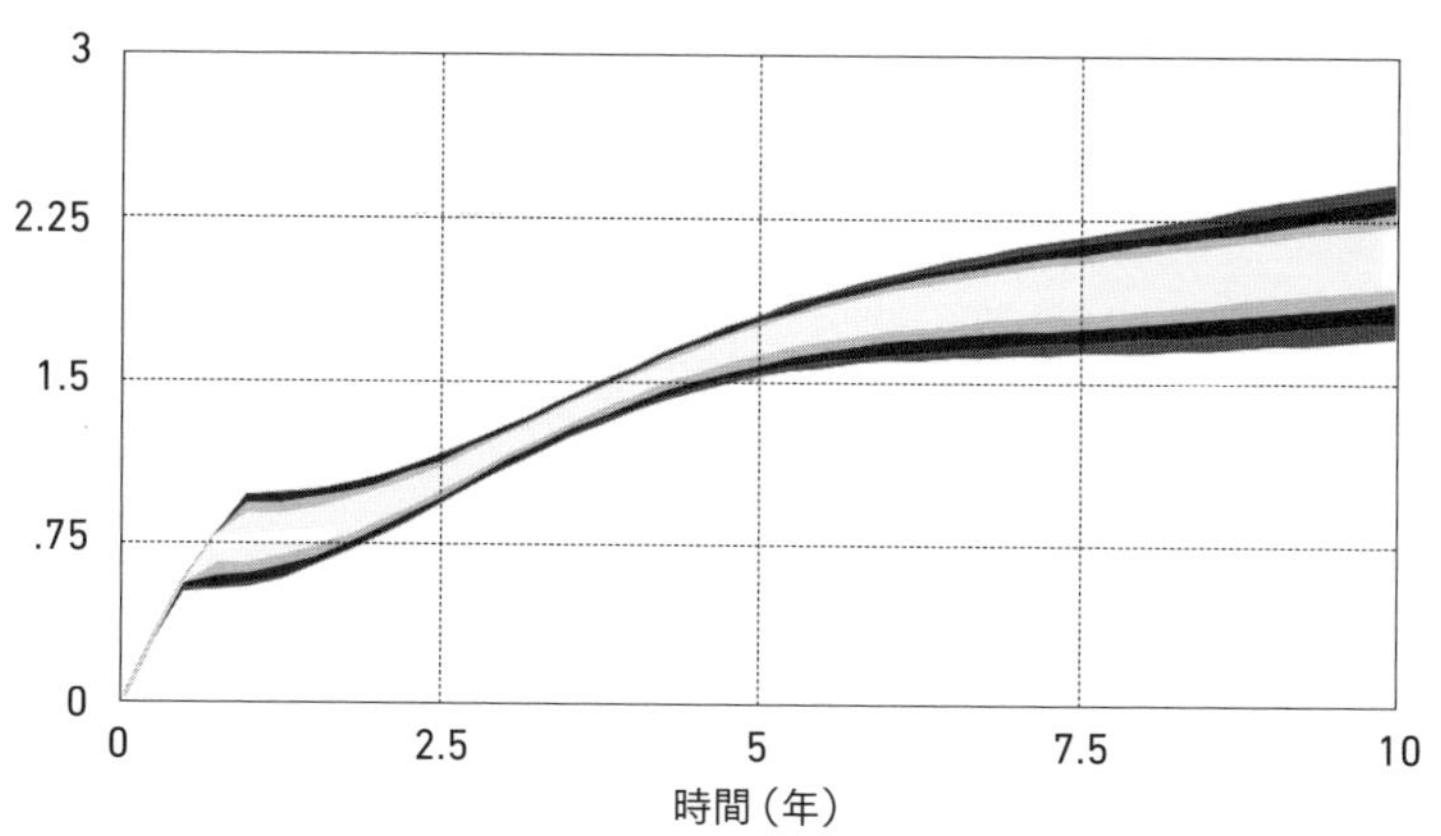

5%程度というふうに考えられる。

なお、この確率は正確な値と少し異なる。正確には許容区間という統計量を計算する必要がある。ただし、500回シミュレーションを行った場合は、許容区間はおおむねパーセンタイルと一致する。

このような形で、解決したい、あるいは探求したい問題について、システム思考による分析を行うことができる。

参照公開サイト：
1　住友理工2018年製品・技術レポート
https://youtu.be/D395wCrqYm0
2　住友理工ニュースリリース：人とくるまのテクノロジー展2018横浜に出展
https://www.sumitomoriko.co.jp/wordpress/wp-content/uploads/2018/07/n51910550.pdf
3　住友理工：ドライバーモニタリングシステム
https://www.sumitomoriko.co.jp/wordpress/wp-content/uploads/2018/05/sumitomoriko_DMS_J.pdf

おわりに

本書では、今現在「複雑なシステム」となってしまったビジネスや社会を、「システム思考」に基づいてどのようにモデル化するか、そして、そのモデルから有用な示唆をどのように得るかについて、基本的な考え方と標準的な手法を説明した。

本書の特徴は、複雑なシステムに対処するための手法を、リアルな状態の認識から意思決定に向けて統合した流れにしたがって、システム思考のさまざまな手法をまとめていることと考えている。また、本書で紹介した手法は、対象が特定の業界や業務に限定されていない。つまり、これらの手法に基づいて整理された情報や得られた示唆は、複雑なシステムを取り巻く異分野との協業におけるコミュニケーション基盤として使い得ると自負している。

システムとして捉え、明示的に記述するというところは特徴的であるが、著者たちが提示した「問題認識から課題設定、解決までの流れ」自体は、非常に一般的なものと考えている。したがって読者の方々は、本書を読むとともにその手法を実際に体験していただければ、より納得した形でシステム思考を身につけることができるだろう。また、自らが分析しない場合でも、この流れで分析者から「問いかけ」を受ければ、自然に情報を見出すことができるだろう。この分析の流れについて、本書ではかなり簡略化した形で述べている。また、方法論には抽象的な要素が多く含まれているため、可能な限り実例を示しながら紹介するように努めている。一方で、多岐にわたる手法や考え方を網羅することはできないため、理解を深めたい読者の方には他の書籍を参照いただけると幸いである。文末にも紹介を入れたが、各章の注釈にも情報源を記したので、参考にしていただきたい。

本書の補章では、システム思考をコミュニケーション基盤として使う際の具体的な様子をつかんでいただくために、著者グループと企業の担当者が機能要求、非機能要求などの用語を用いながら事業変革を議論するケーススタディを掲載した。システムズ・エンジニアリングやプロジェクト・マネジメントに詳しい方には一般的な用語や考え方であるが、広く普及しているとは言い難いものもあるだろう。これらの概念の基礎を参加者が理解したうえで議論すると、新しい技術を導入する目的を失わずに議論することが可能である。具体的には、経営層と事業部門、自社と取引先、上司と部下、新しいサービスベンダーなどのあいだで、利害関係と要求について共通認識を持ち、現在の技術や制度と要求との関係を正確に把握したうえで、ビジネストランスフォーメーションを進める議論ができる。

特に、最先端技術を用いて、単なる自動化ではなく、新たな創業につながることすらあるデジタルトランスフォーメーション（ＤＸ）を成功に導くためには、このような議論が欠かせない。

21世紀、特にネットやＡＩの存在が当たり前の時代になったときの前後で大きく変わったのは、さまざまな人や企業、政府、環境間のつながりの爆発的な増加と、それによるステークホルダーの増加、そしてその関係性の変化と複雑さの増大であろう。かつては特定の個所について最適化しておけば、限られたステークホルダーのなかで望ましい状態に到達できた。しかし、現在は、「考えなければならないことと思えること」が数多くあり、実際にそれらをすべて検討したとしても、「限りない量の帰結先を列挙する」、あるいは「対処不能と匙《さじ》を投げたくなる」ことすらある。もちろん、そういうわけにはいかないので「考えなければならないこと」がどれなのかを合理的に見極めなければならない。そのときに検討対象をシステムとして認識しているかどうかは、その見極めが成功するか否かに大きく関与する。なぜなら、つながったたくさんのステークホルダーや関係性のなかでは、小さな行動が思いもしない大きな影響を他に及ぼすからだ。

そうした「何が起きるのだろう」ということを調べて、主体的に自信を持って意思決定するためには、詳細な文章による検討や「ポンチ絵による絵解き」のような定性的手法では不十分である。そのため、本書では数ある定量的分析手法のなかから、「システム・ダイナミクス」を取り上げて具体的に紹介した。

DXが注目されるこの時代、時には「AIを使えば問題は解決できる。とにかくAIを入れろ」という乱暴な話を聞くことがあるかもしれない。しかし、AIは魔法の杖ではない。現実には限りある予算や資源を用いて、AIやその他の新技術を活用して目標を達成するには、「どこに（どの業務に）」「何の目的で（どんな効果のために）」導入すればよいのかを見極めなければならない。そのためには、当事者の「人」まで含んだ大きなシステムとして検討対象を認識し、問題設定することが必要である。このような問題設定を本書で紹介したシステム思考に基づいて行い、さまざまな施策・シナリオについてシステム・ダイナミクスを用いて比較検討をすることで、ステークホルダーは主体的に、自信を持って、認識の共有を維持しながら、施策の選択と実行のリードができるだろう。

本書の内容をさらに深く理解したい方には、より高度なトピックを扱った洋書の邦訳書も出版予定である（『システム・アーキテクチャ（仮）』稗方和夫他、丸善出版）。また、東京大学のGlobal Teamwork Labでは社会人にも開いた講義も提供している。第5章と補章で紹介したシステム・ダイナミクスについては、既存の簡単な教科書として『システム・ダイナミックス　フィードバック思考による問題解決』（田中伸英、髙橋裕共著、サンウェイ出版、２０１７年）がある。著者（髙橋）の所属する専修大学の大学院商学研究科では、この手法を学ぶ科目も提供しており、大学院生以外も所定の手続きで参加が可能である。これらのリソースも活用いただけると幸いである。

システム思考自体は、欧米ではすでに受け入れられつつある概念である。日本においても、システム思考を効果的に利用し、複雑な社会の複雑な課題を解決する方々がたくさん生まれることを祈ってやまない。

謝辞

株式会社富士通総研（本書プロジェクト開始時には富士通株式会社）の岡田伊策様には、本書のいわばプロデューサーとして活躍いただいた。大きな感謝を申し上げたい。また、ＭＩＴとの教育プログラムを共に運営する東京大学大学院新領域創成科学研究科特任准教授・ＭＩＴ上級講師のブライアン・モーザー様ならびに教育プログラムの参加者と支援企業の皆様には、本書の内容を充実するにあたって有益な議論をさせていただいた。補章のケーススタディの取材・執筆については、富士通株式会社と住友理工株式会社の皆様にお忙しいなか時間を工面していただき、また能動的にワークショップに参加していただき、本書で提示する手法の妥当性について確認することに多大なるご協力をいただいた。本書の上梓にあたっては、わかりやすい原稿にするために三橋正邦様と後藤鈴子様、日経ＢＰの田島篤様にお世話になった。

ここに記して皆様のご協力ご尽力に深く感謝申し上げる。

[た行]

[な行・は行・ま行・や行・ら行・わ行]

索引

人名

英字

日本語

[あ行]

[か行]

[さ行]

稗方 和夫（ひえかた かずお）

2000年東京大学大学院工学系研究科環境海洋工学専攻修士課程修了。日本アイ・ビー・エム株式会社を経て、2004年東京大学大学院工学系研究科環境海洋工学専攻 助手。2007年東京大学大学院工学系研究科環境海洋工学専攻 助教。2008年東京大学大学院工学系研究科システム創成学専攻 助教。2008年博士（工学）取得、東京大学大学院工学系研究科。2010年より東京大学大学院新領域創成科学研究科 准教授。

2013年～2014年マサチューセッツ工科大学客員研究員。

専門はシステム設計、情報技術応用と情報システム、シミュレーション、知識のマネジメント。情報技術の産業・社会実装やシステム設計方法論に取り組む。製造業のプロセスや組織のシミュレーションを用いたビジネストランスフォーメーションの検討に加え、工場における計測データの処理プログラムやオンデマンドバスの基盤情報システムの開発など社会・産業実装までを手掛けている。

髙橋 裕（たかはし ゆたか）

1999年学習院大学大学院経営学研究科単位取得。博士（経営学）。1999年より専修大学商学部専任講師。2008年より専修大学商学部教授。

2003年～2004年ブリストル大学客員研究員。2016年～2018年System Dynamics Society理事。現在、日本システム・ダイナミクス学会副会長。

専門はシステム・ダイナミクス。現在、本務校商学部と大学院商学研究科に加え、東京大学大学院新領域創成科学研究科で非常勤講師として、また大学院大学至善館イノベーション経営学術院で特任教授としてシステム・ダイナミクスを教授している。

システム思考がモノ・コトづくりを変える

デジタルトランスフォーメーションを成功に導く思考法

2019年 10月7日　第1版第1刷発行

著　者　　　　　稗方 和夫、髙橋 裕
発行者　　　　　村上 広樹
発　行　　　　　日経BP
発　売　　　　　日経BPマーケティング
　　　　　　　　〒105-8308　東京都港区虎ノ門4-3-12
装　丁　　　　　小口翔平＋岩永香穂（tobufune）
制作・図版作成　秋本さやか（アーティザンカンパニー）
編集協力　　　　三橋正邦、後藤鈴子（イー・クラフト）
印 刷・製本　　 図書印刷株式会社

本書籍に関する問い合わせ、ご連絡は下記にて承ります。
https://nkbp.jp/booksQA

ISBN978-4-8222-8976-8